CITÉ DANTON

La trouille au ventre

Mimi

CITÉ DANTON

La trouille au ventre

Loi n°49-956 du 16 juillet 1949 sur les publications destinées à la jeunesse, modifiée par la loi n°2011-525 du 17 mai 2011.

© 2021, Mimi

Avec la collaboration de Murielle Neveux – Mémoire et portrait

Illustrations : Gabrielle Lacombe

Édition : BoD – Books on Demand,
12/14 rond-point des Champs-Élysées, 75008 Paris
Impression : BoD – Books on Demand, Norderstedt, Allemagne
ISBN : 9 782322 266562

Dépôt légal : mars 2021

*Ce livre est dédié aux enfants malheureux de partout,
À mes enfants, que j'espère heureux,
Et à mes petits-enfants,
À Christine, partie trop vite pour lire ce récit,
Et à mes sœurs.*

Je remercie du fond du cœur ma fille Sarah et Lauréline pour leur aide, leurs conseils et leur soutien. Sans elles, ce livre n'aurait pas pu voir le jour.

Bonjour, mon vrai prénom est Marie-Louise et je souhaite vous raconter l'histoire, non pas des quatre filles du docteur March, mais des six filles du père Tonio. Je n'ai pas gardé ce prénom, qui est pour moi celui de ma mère, donc je me fais appeler Mimi ou Marie.

Il y a des enfants qui rêvent de parents, moi je rêvais de ne pas connaître les miens. Plus précisément, je désirais que ce fût une erreur faite à la clinique le jour de ma naissance. Il va sans dire que mes parents ne devaient pas tarder à se faire connaître.

J'ai fait des rêves avec des parents idéaux pour mes idées de gamine. Des parents aimants et équilibrés m'ont accompagnée dans mes détresses d'enfant, et aussi dans mes manques terribles. Cela a été un très bon refuge pour moi, lorsque la réalité me paraissait trop dure à supporter. Les contes sortis de mon imagination m'ont sûrement préservé un équilibre mental et aussi un optimisme pour la vie.

J'ai toujours été en quête de bonheur, je ne me suis pas noyée dans le malheur. Avoir cinq petites sœurs m'a obligée à être forte en toutes circonstances et m'a aussi beaucoup aidée. Jamais je n'ai ressenti le besoin d'être fille unique. Seule dans cette vie je n'aurais pas résisté longtemps avant de perdre la tête. Notre chance est d'avoir été ensemble et unies. J'espère que les rêves que nous faisions éveillées toutes les six ont aussi apporté un peu de réconfort à mes sœurs.

En écoutant les psychanalystes et autres décortiqueurs de l'enfance maltraitée, j'ai le tournis. Ils ne comprennent pas tout, ils tirent des conclusions. Ils ne peuvent pas être dans le vrai, ils n'étaient pas là. Sur le papier, les situations sont incomplètes ainsi que les problèmes et le ressenti des personnes. Nous, les six filles, nous n'avons pas les mêmes souvenirs, et nous n'avons pas eu les mêmes réactions au moment des drames. Moi j'ai vite pris le rôle du protecteur, donc j'ai toujours été en première ligne pour les coups.

I

Paris

Mes débuts dans la vie

Notre mansarde

Je suis née en région parisienne. Je me souviens très bien de notre chambre de bonne mansardée. Dans le « logement » il y a mes parents et six filles. Pas d'espace perdu ! Dans cette pièce unique, il y a des lits : un grand pour les parents, un tout petit coincé sous un vasistas, et un lit cage superposé pour les autres enfants avec des barreaux comme dans une prison. Pour le mobilier : des tabourets, une table et une plaque de gaz avec une casserole pour le lait posée dessus. La chambre est éclairée par le petit vasistas donnant sur les toits. Je me souviens d'un grand bâtiment de tri postal sur le trottoir d'en face.

Pour entrer dans notre chez-nous, il faut emprunter des escaliers, nombreux ! Les locataires des chambres de bonne n'ont pas droit à l'ascenseur. Au début, les couloirs sont beaux, avec de petits tapis rouges, et à mesure qu'on monte, ils deviennent moches, très moches. Terminés les beaux décors. La peinture des murs tombe par plaques. Ça sent déjà la pauvreté.

Je dis les choses comme je m'en souviens, mais je ne suis pas du tout malheureuse alors, la joie est chez nous très présente à cette période de ma vie. Pour moi, pas de tristesse. J'ai l'impression que l'immeuble m'appartient. Surtout quand je dévale les escaliers en faisant tout trembler sur mon passage. C'est amusant de prendre l'ascenseur qui nous est interdit. Encore mieux de faire du bruit dans les beaux escaliers, puis dans les moches. C'est un vrai plaisir, je suis comme une tornade toute joyeuse et très bruyante. Je tiens cela de mon père, il est gai et me paraît jeune – pourtant je suis née en 1951, et mon père en 1904, il y a des années-lumière entre nous. Je suis dans mon monde, celui de l'enfance.

Dans ce temps-là, rien de dramatique. Nous sommes pauvres, moi, je ne le sais pas, et je ne vois pas les disputes que ma mère subit à cause de nos chahuts et de nos cris de petites filles, mon père ne la tape pas devant nous.

Je me trouve aujourd'hui enfermée dans le lit cage de mes petites sœurs. C'est une situation fréquente. Ma mère nous laisse là sans soucis, lorsqu'elle désire sortir seule l'après-midi. Elle part vadrouiller après la tétée de la petite, pendant que mon père travaille. Bien sûr, mon père ne doit pas l'apprendre car elle va voir des « copains ». Je suis enfermée car je suis capable de faire des cascades et autres galipettes ! Ma mère ne veut pas courir le risque que je fasse des bêtises. Moi je reste avec mes rêveries. Mes sœurs dorment. Je m'ennuie un peu alors je cherche des amusements, des choses à faire. Une fois j'ai joué avec un tube de pommade. J'y ai même goûté. J'ai vomi, beurk, pas bon ! Et puis je finis par m'endormir aussi, comme les autres.

Je me souviens d'une très longue journée. La pièce est petite, la table est à portée de main. Sur cette table il y a des bananes. Elles me fascinent de plus en plus. Je suis très gourmande – affamée, déjà ? Non, pas encore, je ne pense pas… Je revois d'ailleurs, en permanence sur la table, un saladier de fruits frais, rempli de bananes et de pommes en général. Il me semble que la faim viendra seulement plus tard, à la Cité Danton ; ma mère alors ne laissera plus jamais traîner de nourriture. En attendant, je me contorsionne pour attraper les bananes, et je passe la tête entre les barreaux du lit. Je touche presque les fruits du bout des doigts… J'ai réussi, je les ai en mains ! Mais, hélas, ma tête est coincée entre ces fichus barreaux. Impossible de me délivrer ! Je me tourne de tous les côtés… Rien à faire. Je me revois encore prise au piège.

J'ai dû m'endormir. Lorsque je me réveille, Maman est là avec notre grand voisin qui me semble très gentil. Ils discutent de la façon de me libérer. Le voisin fait une suggestion : scier les barreaux du lit. Maman refuse tout net, car mon père se mettra en colère s'il apprend que ses enfants restent seules, enfermées toute l'après-midi. Il saura pour les sorties de sa femme. Les colères de mon père ne sont pas des rigolades ! Maman se fait souvent attraper par les cheveux, et il y a des hurlements dans la maison.

Le grand voisin s'approche de moi et me donne de grands coups de genoux sur la tête. Enfin je suis délivrée ! Si je puis dire. Je fais maintenant le rapprochement entre cet épisode douloureux et mes migraines.

Je me rappelle, une fois Maman se fait rouspéter par mon père. Elle court dans le couloir et j'entends des bruits de verre cassé puis le voisin discuter avec eux. Plus tard, il dit que

Maman a failli passer par le vasistas. Drôle de se rappeler cette scène car je n'étais pas vieille.

Tout ça vous plante le décor et l'ambiance à la maison !

*

En aparté...

Je ne sais pas encore si j'écris un livre. À chaque fois que je raconte des histoires de mon enfance, les gens m'écoutent. Souvent on me dit qu'avec ce que j'ai vécu je devrais en écrire un... Alors je tente. Et si je ne fais pas un livre, les pages noircies pourront rester dans un tiroir, à la portée des curieux.

Il n'est pas toujours facile de se replonger dans le passé. Pour un récit court ou une période précise d'accord, mais pour tout un pan de vie, voilà qui devient plus ardu. Petite, l'envie de tenir un journal me prenait parfois. Comme je regrette de ne pas l'avoir fait ! Il me serait très utile maintenant !

Je vais essayer d'organiser le récit de mon enfance, mais certains souvenirs sont imprécis dans le temps et je ne pourrai pas toujours respecter la chronologie des faits. Des ambiances peuvent aussi être liées entre elles dans mon esprit, sans rapport avec le déroulement des événements. Il y a en plus des souvenirs très marquants, hélas ! Et puis, une idée peut en entraîner une autre...

Comment aussi raconter mes souvenirs sans lasser le lecteur ? Moi j'aime les histoires qui commencent tout de suite, et qui captivent, mais ce n'est pas si simple pour celui qui écrit !

Et comment raconter mon passé sans donner au lecteur

– surtout à mes sœurs, les actrices, et même à moi-même – l'impression ou le sentiment de faire de la délation, de me venger en quelque sorte, à retardement ? Là n'est pas mon but ! C'était notre vie, et il y a les circonstances de la vie !

Je ressens le besoin de sortir mes souvenirs d'enfance au grand jour pour ne pas partir avec le moment venu. Je ne veux pas de mauvais mystères, surtout avec mes enfants. Bien entendu, je me suis déjà racontée à mes proches, mais je veux maintenant prendre le temps de poser mon vécu sur le papier et d'y mettre un peu d'ordre, sans toutefois me tordre l'esprit et chercher à savoir le pourquoi du comment : je livre mes souvenirs, et non un commentaire sur mon passé.

Ce livre, c'est surtout un cri du cœur, un appel pour que les enfants soient entendus. Le monde n'était à mon époque que pour les parents, contrairement aux bonbons Haribo ! De nos jours, les choses ont-elles vraiment changé ? Il me semble que les enfants et les adolescents ne parviennent pas souvent à se faire entendre lorsqu'ils ont des problèmes. La voix des adultes prime sur la leur. Certes, un changement se fait, mais trop lentement. Il faut respecter tout le monde, même les plus faibles, les plus vulnérables, et donner à tous le droit de s'expliquer.

Retour chez nous

Nous revoici au 53 boulevard de Strasbourg, métro Château d'Eau. Une grande porte cochère en bois épais avec une poignée brillante est notre entrée. La porte s'ouvre manuellement et aussitôt la sonnette se déclenche. Bien sûr la concierge surgit de la loge. Je me demande encore si un fil ne relie pas la sonnette à son bras, car elle est toujours là lorsque la porte s'ouvre avant même que la sonnette ait retenti.

Notre concierge est grande et grosse, monumentale à mes yeux de fillette. Son mari est petit et maigre. J'ai souvent vu des concierges grosses – ou bien des grosses dames qui avaient l'air de concierges. En fin de matinée, une fois les escaliers nettoyés, les rampes astiquées, elles sortent toutes devant les portes cochères. Pas une porte sans sa gardienne ! Elles ont toutes le verbe haut et de la bonne humeur à répandre partout. Elles se racontent des histoires de ménage, de patrons aussi. Elles me font penser aux escargots après la pluie. Où sont-elles maintenant ?

Notre concierge a l'air très sévère. Pourtant elle n'est pas méchante avec nous. Au contraire, elle nous parle gentiment et me met en garde contre les méchants qu'il ne faut pas suivre, même s'ils donnent des bonbons. Elle me lit des faits divers très inquiétants sur des histoires affreuses d'enfants tués ou disparus. Il faut dire que *France Soir* est vendu à la criée à la sortie du métro. Notre porte cochère est à deux pas. Nous avons tous les jours des nouvelles fraîches et croustillantes. Le vendeur les crie très fort dans la rue. Je l'entends chaque fois que je sors de la maison. Avec tous ces gros titres qu'il hurle et les histoires de la concierge, il y a de quoi faire dans mon imagination déjà bien riche.

Dehors il y a les grands boulevards, noirs. Je n'ai pas le souvenir de voitures nombreuses. La circulation est rare encore.

Je me revois me promenant avec mon père dans mon youpala. Nous faisons souvent des balades ensemble car je marche bien avec mon engin, que j'abandonne vite. Papa achète une carafe de lait. Il boit seul, moi le lait, je ne me vois pas en boire, peut-être parce que maintenant il m'est impossible d'y tremper les lèvres. Il lui en reste toujours une belle moustache blanche. Il doit finir son lait car il n'y a pas de bouchon, juste un opercule en aluminium. Nous mangeons aussi une baguette viennoise sur un banc public. Je dois le faire très souvent car mes souvenirs sont très nets.

Je ressens encore le calme, le charme de ces sorties. Nous sommes alors simplement bien et heureux d'un rien.

Je ne vois pas de couleurs sombres à cette époque. L'ambiance, les choses autour de nous, rien ne dégage de tristesse. Notre maison ne me reste en souvenir ni sale, ni morose.

Je me rappelle avoir composé à cette époque une petite chanson, plutôt un couplet, avec l'air et les paroles bien sûr :

> « *Un jour tu verras, ce sera bien mieux que ça,*
> *Tu verras les violons*
> *Et les accordéons*
> *Mais non, tu ne veux pas*
> *Aller au cinéma*
> *Alors, tu ne verras jamais ça.* »

Je vous remercie pour votre indulgence, car je ne dois avoir que cinq ou six ans lorsque je compose cette œuvre. Un génie en herbe !

Quand plus tard j'entendrai la chanson *Un jour, tu verras* de Marcel Mouloudji, je penserai un peu à une triche de la part de l'artiste. Jugez par vous-mêmes :

> *« Un jour, tu verras, on se rencontrera,*
> *Quelque part, n'importe où, guidés par le hasard,*
> *Nous nous regarderons et nous nous sourirons,*
> *Et, la main dans la main, par les rues nous irons.*
> *Le temps passe si vite, le soir cachera bien nos cœurs,*
> *Ces deux voleurs qui gardent leur bonheur ;*
> *Puis nous arriverons sur une place grise*
> *Où les pavés seront doux à nos âmes grises. »*

J'ai un souvenir étrange qui m'est resté intact et qui date de la mansarde à Paris.

Une nuit, je me réveille, il règne un silence parfait dans la pièce, et que vois-je ? Par terre, il y a des animaux. Sans doute sont-ils assez petits car ils n'ont pas l'air à l'étroit dans notre espace réduit. Je vois des chiens, des chats, des singes... Il y en a qui boivent du lait dans un de nos bols. Il y a aussi des gens assis que je ne connais pas. Tout le monde est très calme et semble heureux. Des bêtes plus petites, oiseaux et écureuils, occupent le haut des murs, juste en dessous du plafond mansardé. On dirait un aquarium. Chacun reste à sa place sans faire de bruit et sans déranger les autres. Tout a l'air suspendu. Je n'ai pas peur, je ne ressens aucune gêne. Mais je suis très étonnée. J'ouvre et referme les yeux, mais à chaque fois apparaît le même tableau. C'est vraiment étrange.

Au matin, je crois à un rêve, mais j'aperçois le bol avec un restant de lait à la même place que dans ma nuit. J'en parle à ma sœur, qui a vu le même spectacle que moi.

Je n'y comprends rien encore de nos jours. Nous avons peut-être bu un médicament qui nous a donné des hallucinations.

En vadrouille avec Papa

Je grandis… Je vais à l'école maintenant. Au réveil, je me lave dans une cuvette avec de l'eau chaude. Pendant ce temps, le lait chauffe dans la casserole entourée d'un verre épais pour qu'il ne déborde pas. Pour le petit déjeuner, nous mangeons souvent le pain de la veille avec le lait. Après le petit déjeuner, mon père m'accompagne à l'école. En chemin, nous passons souvent à la boulangerie. Dans mon sac de goûter, une sorte de sac polochon avec une corde de serrage, plastifié à l'intérieur, j'ai des bananes. Elles sont tristes parfois au fond du sac ! Alors nous complétons. Papa m'achète bien souvent un chausson recouvert de sucre glace, avec de la crème pâtissière. C'est drôle car je n'aime pas trop cela aujourd'hui ! Parfois il m'achète un biscuit avec des lunettes gravées dessus et fourré à la confiture de framboises. Puis il m'emmène à l'école, et il vient me chercher à la sortie. Maman reste avec mes sœurs, qui ne sont pas encore scolarisées.

Souvent, nous nous promenons dans les rues de Paris avec Papa. Il travaillait à cette époque. Comment s'organisait-il ? Il me fait découvrir des jeux qui ne me passionnent pas et de temps à autre nous allons voir les bouquinistes, qui se trouvent assez loin, histoire de traîner plus longtemps. Les gens discutent entre eux. J'apprécie la bonne ambiance, et puis je suis curieuse de tout et contente d'être à l'air libre. La chanson d'Yves Montand, *Les grands boulevards*, résume bien notre état d'esprit du moment, à mon père et à moi.

Dans les rues, il y a des guitounes où l'on vend des billets de loterie. Elles sont fixes, elles restent toute l'année sur le trottoir et elles sont bâchés la nuit comme les stands des bouquinistes. Je ne sais pas d'où viennent les vendeuses, petites, ratatinées, souvent bossues, avec un visage triste et sévère. Elles me reviennent toujours en mémoire avec un air de vieilles filles revêches. Les pauvres ! Je me rends compte aujourd'hui que les enfants jugent très sévèrement les adultes. À la loterie, on joue avec des anneaux, des sortes d'anneaux de rideau en bois. On en prend plusieurs puis on les pose autour des numéros choisis. La roue tourne et si le numéro sort, on prend un lot.

Nous ne remportons jamais les supers lots avec mon père. Nous gagnons du sucre, du café, une petite gamelle, ou des jeux pour enfants que mon père ne prend pas, à mon grand désespoir ! Pas de poupées, nous c'est du sucre, du sucre !

Après une bonne heure passée à jouer, nous repartons avec cinq kilos de sucre sous le bras, enveloppé dans du papier kraft, les boîtes de sucre de l'époque. Ces jeux sont lassants pour moi. Mon envie de faire pipi, très souvent, me sauve d'une interminable attente devant les loteries. Une fois sorti de son jeu, mon père pense à autre chose, ouf !

Mon père aime tellement se balader dans Paris et amuser les autres... Vu de l'extérieur, il est très drôle. Il bouge beaucoup, fait des mimiques à la Louis de Funès, et il raconte de bonnes histoires aux gens qui n'en finissent pas de rire !

Un jour, au cours d'une de nos sorties, il y a une grosse pluie, qui tombe seulement d'un côté de la rue. D'un côté les gens s'abritent sous les stores des grands magasins et de l'autre les passants marchent tranquillement. Bien entendu, vers le côté beau temps il y a la ruée. Ensuite, nous avons droit à un superbe arc-en-ciel qui n'est pas encore passé dans mon souvenir. Depuis ce jour, j'apprécie ces rayons de lumière colorés.

Il n'y a pas que des souvenirs joyeux dans ces sorties. Le perçage de mes oreilles, par exemple. Mon père connaît

un bijoutier, nous allons lui rendre visite. Ils discutent en hongrois entre eux, je ne comprends rien, mais l'ami n'a pas l'air content. Puis je m'installe sur une table et on me perce les oreilles. À moi, la petite fille, on n'a rien demandé ni expliqué ! Le bijoutier me glisse une plaque de métal sous l'oreille pour faire le trou. Il me met des boucles en or avec une perle de culture au milieu et fait une soudure pour éviter que les boucles ne s'ouvrent. Mon père m'a emmenée dans cette boutique sans rien me dire de la suite des événements. Il a toujours de bonnes idées ! Heureusement que je ne déteste pas les Hongrois après cette expérience un peu traumatisante pour la petite fille que je suis !

Lorsque je prends le métro avec mon père, les publicités défilent devant mes yeux, dans les tunnels, au rythme de la machine. Je me rappelle encore trois affiches mises à l'affilée sur les parois des tunnels entre deux stations, « Dubo » - « Dubon » - « Dubonnet », d'après une marque de vermouth aromatisé très fameux à l'époque.

J'ai encore dans la bouche, quand j'y songe, le goût du pigeon. Mon père braconne dur à Paris ! Pas vu, pas pris, et encore en bonne santé ! Imaginez manger les pigeons de Paris aujourd'hui ! Cette volaille embaume la chambre. Nous avons un menu de roi : petits pois au pigeon ! Nous mangeons avec grand appétit et avec nos doigts. Un vrai régal !

Papa a des goûts artistiques, il adore la musique classique, Bach, Mozart, Beethoven... Il aime surtout la musique viennoise. Il ne passe pas un seul jour sans musique. Il connaît la biographie des compositeurs classiques. Nous avons des disques pour enfants avec leur vie racontée en musique. Mais mon père ne fait pas dans la dentelle. Parce qu'il n'aime que la grande musique, il nous interdit les chanteurs à la mode : « Des sauvages ! » hurle-t-il. Nous avons interdiction de nous trémousser sur des airs à la mode, comme font les jeunes. À croire qu'il n'a jamais été jeune.

Papa ressent une très grande nostalgie pour sa Hongrie natale et aussi pour sa famille, qu'il a perdue pendant la guerre, ou après. Je ne sais pas tout de sa famille, mais il la vénère et nous raconte souvent son enfance choyée, ou réinventée. C'est difficile de démêler le vrai du faux avec Papa car il a un côté clownesque et raconte tout sur le ton de la blague.

Mon père a beaucoup d'amour pour tous ses enfants.

Ma mère a six filles, mais n'en aime qu'une. Ce n'est pas moi, je n'en suis pas jalouse. Je trouve toutes mes sœurs très mignonnes, et moi aussi je vous rassure. Pourquoi ces différences ? Pour nous ce n'est pas simple du tout à comprendre. Mais c'est Maman, « Elle est comme ça » !

Ma mère aime manger et ne rien faire. Elle traîne et discute avec des copines. Elle n'a jamais envie de laver, dommage avec tous ses enfants ! Plus tard on voudra m'expliquer qu'elle est en dépression… Je ne garde pas de souvenirs de cajoleries de ma mère, pour aucune de nous, même pas pour la favorite. Je ne la revois pas avec un enfant sur ses genoux sauf la plus petite pour lui donner le biberon.

Paris reste une période somme toute heureuse. Grâce à mon père, avec qui je sors souvent. Il a une cinquantaine d'années à cette époque. Il aime beaucoup la capitale et ses nombreux habitants étrangers et connaît beaucoup de personnes qui ne parlent pas français. Il adore parler dans toutes les langues et prendre des nouvelles de son pays. Après notre départ, il retournera souvent à Paris, où il a ses amis.

II

Mes parents

Retour sur le mariage du siècle

Ma mère, l'indigente

Ma mère sort des griffes de l'« assistance ». Un jour où nous l'interrogeons sur son enfance, elle nous dit, à mes sœurs et à moi, qu'elle a vu sa mère une fois, et que cette rencontre n'a pas été marquante, ni pour l'une ni pour l'autre. C'était une pauvre femme, comme elle. Son père était un vagabond qu'elle n'a jamais connu. Excepté lors de cette rencontre avec sa mère, elle n'a eu aucun échange avec ses parents. Cela n'a pas l'air de lui manquer.

Jeune, elle profite de sa liberté, mais sans un sou, sans métier. Elle lit et écrit car elle a suivi les cours à l'école primaire, assez régulièrement pour l'époque. Mais elle n'a pas de grosses dispositions intellectuelles et elle ne sait pas faire grand-chose, elle est donc vite placée au travail dans les fermes, dans le territoire de Belfort je crois. Elle ne possède rien mais au moins elle est « protégée » de la faim. Dans les fermes, elle fait la boniche. Lorsqu'il y a des invités, elle doit disparaître de la maison, elle n'est qu'une simple domestique et ne fait pas partie de la famille.

*

Mon père, au royaume des Habsbourg

Mon père est Juif hongrois d'origine. Il vient de Timişoara, capitale historique du Banat, située à trois cents kilomètres au sud-est de Budapest.

La Banat a une histoire mouvementée ! Ce territoire a été intégré à la Hongrie au Moyen Âge, puis il est passé sous domination ottomane au XVIe siècle avant d'être conquis par les Habsbourg d'Autriche, en 1716-1718. Dans les années 1860, les territoires hongrois ont voulu se réunifier et s'émanciper de la domination autrichienne. L'empereur d'Autriche, François-Joseph Ier, leur a alors accordé l'autonomie, et s'est fait couronner roi de Hongrie. Puis en 1918, l'empire des Habsbourg s'est effondré. Le Banat a alors été partagé en trois, la région de Timişoara a été rattachée à la Roumanie. Sous la gouvernance de François-Joseph, Timişoara est devenu une grande ville industrielle et très moderne. Il y avait le tramway hippomobile, le téléphone, et Timisoara a été la première ville d'Europe à avoir l'électricité dans ses rues.

Souvent Papa nous parle de sa Hongrie natale et de l'empereur. François-Joseph Ier a épousé Sissi en 1854. Il avait alors vingt-quatre ans, et Sissi seize ans seulement. Plutôt libre et insoumise, elle a eu du mal à s'adapter aux usages stricts de la cour de Vienne, elle préférait voyager, on la surnommait d'ailleurs « la mouette » ! La cour à Vienne ne l'appréciait pas, mais elle était très aimée par le peuple, surtout en Hongrie, pays qu'elle chérissait. Elle a d'ailleurs joué un grand rôle dans l'unification de la Hongrie. À la cour, elle ne s'entourait que de dames de compagnie hongroises. Sissi, dont la beauté était partout célébrée, était obsédée par son apparence. Elle suivait des régimes drastiques, au point d'être anémiée. Son tour de taille mesurait à peine plus de cinquante centimètres ! Elle partait fréquemment en cure pour soigner sa santé fragile. En 1898, après une de ces cures, elle est allée à Genève où elle s'est fait assassiner, par un homme que l'on croyait anarchiste mais qui en fait voulait juste faire un coup d'éclat… Quelle tragédie !

Papa passe sa jeunesse en Hongrie et en Autriche. Son père est cuisinier à la cour de l'empereur François-Joseph Ier. Le château impérial à Vienne n'est que le lieu de travail je crois. À vrai dire je ne sais pas où la famille vit exactement. La mère de mon père s'occupe des enfants. Elle est juive. Sur une photographie que j'ai pu voir, elle paraît petite et mince et ses cheveux sont relevés en chignon. Mon père l'aime beaucoup, elle est très gentille. Il aime aussi beaucoup son père, et surtout sa sœur. Rosalie je crois ? Elle est décédée d'une maladie des poumons. Mon père nous parle d'une famille aimante. Il a aussi un frère, mais je ne sais rien de lui. Je l'imagine, cet oncle de Hongrie, bien en vie quelque part et assez riche pour nous sortir de la misère !

Je me souviens des anecdotes de Papa sur sa jeunesse choyée en Hongrie. Une fois, enfant, il vend une pièce de vaisselle de sa mère à un marchand de peaux de lapin pour lui faire un cadeau. Dans la rue, il rencontre un marchand ambulant qui vend des bananes. Comme elles sont chères et qu'il n'en a jamais vu auparavant, il en demande une dizaine de tranches. Le marchand se moque de lui, et nous rions bien aussi de son ignorance ! Il n'a pas l'air très futé étant jeune, notre père, mais vraiment Papa sait parler de son pays, et nous passons d'agréables moments à l'écouter.

*

Un conte hongrois raconté par mon père

Il était une fois un roi qui avait décidé d'offrir son royaume à celle de ses trois filles qui l'aimait le plus. Alors, il fit venir l'aînée pour lui demander à quel point elle l'aimait. La jeune fille répondit :
— Mon père, je vous aime comme une tourterelle aime les grains de blé.
Il fit ensuite venir la cadette, qui lui dit :
— Je vous aime comme j'aime la douce brise lors des étés étouffants.
Puis, ce fut au tour de la plus jeune :
— Mon cher père, je vous aime comme j'aime le sel.
Étonné et contrarié par cette réponse, le vieux roi chassa sur-le-champ la princesse.

La pauvre jeune fille quitta le palais en sanglotant. Elle erra de longues heures dehors puis trouva refuge dans une épaisse forêt, où elle se blottit dans le creux d'un arbre très vieux et très grand. Elle avait beaucoup de peine et pleura longuement. Enfin, elle put s'apaiser un peu et finit par s'endormir. Le lendemain, comme elle avait faim, elle alla cueillir des baies sauvages.

Une année s'écoula. Un beau jour, le prince d'un royaume voisin l'aperçut de loin dans la forêt.
— Qui va là ? cria-t-il.
La jeune fille prise d'effroi courut se cacher au creux de son arbre.

Le prince insista :

— Répondez-moi ou j'ouvre le feu !

Transie de peur, elle sortit de son arbre et se présenta au prince. Malgré sa triste allure, ses vêtements en lambeaux, le prince la trouva très belle. Elle lui dit avoir été chassée de son palais par son père. Le jeune homme eut pitié de sa situation et lui proposa de l'inviter dans son palais. Il lui donna de somptueuses robes. La princesse fut très touchée par sa gentillesse. Ils se marièrent peu de temps après. Ce fut un somptueux mariage, et très gai.

Le temps passa. Le prince demanda un jour à la princesse pourquoi précisément son père l'avait chassée. Elle lui raconta l'histoire du sel. Le prince souhaitait que son épouse se réconcilie avec son père. Il invita alors le vieux roi à déjeuner.

Arrivé au château, le vieux roi fut conduit par son hôte dans la plus belle salle du palais et convié à s'asseoir à une table magnifiquement dressée pour deux personnes. Potage, entrée, rôti... Les plats délicieux se succédaient, mais le vieux roi les goûta à peine car aucun n'était salé. Il les trouvait fades. Il osa demander au jeune roi :

— Mais pourquoi vos cuisiniers ne mettent pas de sel dans les plats ?

Le jeune roi répondit :

— J'avais cru comprendre que vous n'aimiez pas le sel.

— Vous vous êtes trompé, j'aime beaucoup le sel. Qui vous a dit une telle chose ?

— Votre fille, répondit le jeune roi.

Alors la porte s'ouvrit, et la jeune reine entra dans la salle.

Le vieux roi fut très heureux de revoir sa fille. Il s'en était si souvent voulu de l'avoir chassée du palais. Il l'avait recherchée, mais sans succès. Sa fille aussi se félicitait de ces retrouvailles.

Le vieux roi décida de lui donner son royaume.

La reine, le jeune roi et le vieux roi vécurent longtemps et très heureux tous les trois.

*

Dans le camp de l'horreur

Dès le début de la Seconde Guerre mondiale, mon père est fait prisonnier en Allemagne. Il est emprisonné à Dachau, un camp au nord-ouest de Munich.

Dachau est le premier camp de concentration qui a été mis en place par les nazis, des prisonniers ont été envoyés là-bas dès mars 1933. Les premiers détenus étaient des prisonniers politiques, puis il y a eu les Juifs de Bavière, les homosexuels, les Tsiganes, tous les « ennemis » des nazis. Ce camp était une véritable école de la terreur, où les SS apprenaient à terroriser et à déshumaniser les détenus, par les bastonnades, les humiliations, le travail forcé, les appels des déportés pendant des heures durant, les tortures, la famine… Après la Nuit de Cristal, en novembre 1938, près de trente mille Juifs ont été arrêtés et dispersés dans trois camps, dont Dachau. Pendant la guerre, le camp est devenu surpeuplé. Des milliers de prisonniers y sont morts d'épuisement, de faim, de maladie. Des milliers d'autres ont été exécutés ou sont morts sous la torture. En 1942, le « Block X » a été construit, avec un crématorium recélant quatre fours et une chambre à gaz maquillée en bains-douches. À Dachau toutefois ce n'était pas comme à Auschwitz, il n'y a pas eu d'exterminations massives et systématiques au gaz.

Mon père reste prisonnier dans cet enfer cinq ans durant. Il perd à cette époque sa famille, ses biens, ses racines, tout. À propos du camp, il nous raconte la mauvaise alimentation, les privations et les tortures en tout genre qu'il endure. Il nous dit comment les Allemands lui arrachent les dents. Les prisonniers ont très froid à Dachau et ils ont très faim. Tout est gris et gadouilleux. Certains vont faire des travaux à l'extérieur du camp où ils sont traités en esclaves. Mon père n'est pas de ceux-là il me semble. Je crois que son travail consiste à charrier des pierres. Je ne sais pas vraiment, il en parle surtout avec ses amis en hongrois. À Dachau, mon père voit ses camarades faire la queue devant le four crématoire, sans rien pouvoir faire. Tout le monde sait que ce n'est pas la douche. Ça sent la chair humaine. Mon père a la trouille et se fait discret. Il comprend l'allemand mais ne le dit pas aux nazis. Les gardiens un jour envoient par jeu les détenus dans un champ miné. Mon père comprend de quoi il retourne et parvient à éviter les pièges. Voilà ce que je comprends de son expérience à Dachau et ce que j'en sais.

Après la Libération, il est indemnisé par les Allemands. Il en est très fier, car il croit les avoir roulés. Pour lui il n'a rien subi, il a juste toutes ses dents qui lui manquent. Il dit s'être fait passer pour fou, tu parles !

Un mauvais conte de fées

Après la guerre, mon père débarque en France, où il accepte la nationalité française. Il est déjà dans sa quarantième année. À son arrivée, il enchaîne les petits boulots.

La rencontre de mes parents, bien entendu, je n'y étais pas, mais ma mère me l'a racontée, et je l'ai interprétée. Ma mère est très jeune, vingt et un ans précisément. Elle rencontre mon père dans la rue, en Haute Garonne. Il lui reprochera toute sa vie cette rencontre. Souvent elle sera nommée La Cloche, la clocharde. Ses parents, que mon père ne connaît pas, seront aussi souvent injuriés. Cela ne se passe pas bien entre eux.

Mes parents n'ont rien pour faire un couple de conte de fées. Ils ont peu de choses en commun. Mon père a une solide éducation et une âme d'artiste, ma mère est rustre et terre-à-terre. C'est une fille simple, pour ne pas dire simplette. Mes parents ne vivent pas au même rythme, ils n'ont pas la même énergie, le même courage. Ma mère n'a pas assez de caractère et d'estime d'elle-même pour se faire respecter. Elle est la bonne mais aussi la maîtresse de son employeur. Mon père tape sur sa bonne, parfois à bras raccourcis.

Une fois, il la cogne un peu plus fort que de coutume, alors ma mère part sans donner d'explication. Mon père lui court après, et lui joue la grande scène de l'amour. Il lui fait une demande en mariage dans les règles. Ma mère dit le fameux « oui ».

Ils se marient rapidement en prenant pour témoins un copain et des inconnus trouvés dans la rue. Le mariage se passe dans la commune de Thil à une trentaine de kilomètres de Toulouse. Comme on peut le présager, les chances ne sont pas réunies pour un heureux mariage.

Mon père part peu après à Paris pour voir du monde. La Seine l'attire. Il y a des bateaux qui peuvent l'emporter loin dans ses rêves de retour au pays natal. Ma mère le suit.

Au début, il n'est plus violent avec sa bonne qui est devenue son épouse. Mais la violence ressurgit vite et s'installe pour de bon. Ma mère est très souvent battue au moindre prétexte, et elle n'ose pas se défendre. Elle n'a personne vers qui se tourner. Mon père pense avoir tous les droits sur sa femme, comme beaucoup d'hommes de cette génération d'ailleurs. Sa femme dépend entièrement de lui maintenant. Il en profite pour faire sa loi et tentera de la dominer à chaque instant de leur vie.

Un jour ma mère nous dit que mon père a été amoureux de sa femme. Incroyable ! Elle n'a pas su en profiter pour s'imposer. Cette femme est à la merci de son époux. Elle le restera toujours.

Voilà le couple installé à Paris, pour fonder une famille. Un petit garçon naît et meurt d'une méningite à l'âge de trois mois environ. Il s'appelait Antoine Charles, né le 17 novembre 1949 et mort le 26 janvier 1950 à Paris. Je suis moi-même née le 26 avril 1951. Puis voici toutes les filles, cinq après moi : Monique, née en 1953, Hortense, en 1954, Anne, en 1955, Madeleine, en 1956, et la dernière, Rosalie, née en 1958.

Mon récit commence donc sur une « belle » histoire d'amour, où ils se marièrent et eurent beaucoup trop d'enfants.

III

La parenthèse Hendaye

Notre placement inattendu

Maman est hospitalisée après la naissance de la dernière de ses filles, pour une intervention chirurgicale. Les grandes personnes disent qu'ils lui ont fait « la totale ». J'ai su plus tard qu'elle s'est fait opérer de l'utérus et qu'elle ne pouvait plus avoir d'enfant. Toutes ses grossesses ont dû déjà bien fatiguer son corps. Pendant son opération puis sa convalescence, mon père se retrouve seul avec ses six filles, et il travaille en même temps.

Nous voici toutes les six placées, sans explications de nos parents ou même de quiconque. Nous ne sommes ni prévenues, ni guidées, encore moins rassurées. Un jour, mes sœurs ne sont plus à la maison. Je n'ai pas le temps de poser de questions. Notre placement arrive subitement.

Je me trouve dans un grand bâtiment en ciment à Denfert-Rochereau, je ne connais personne. Je ne sais pas combien de temps je vais rester ici. Enfin, on me dit que mon séjour entre ces murs sera bref, ouf !

Ici, il faut être rapide pour manger, les derniers n'ont rien. Je suis jeune et je ne connais pas les règles de vie en vigueur. Je comprends qu'il faut se débrouiller seul et ne pas se faire remarquer, pour avoir la paix. Je me rappelle un immense dortoir bruyant, avec des lits partout, bien alignés, et tous identiques.

Après une bonne semaine – je suis en transit – on m'informe que je vais aller à Hendaye.

Me voici dans le train, qui démarre avec fracas, et surtout brusquement. Je manque de tomber et comme je ne suis pas assise, une fillette se prend les mains dans une de mes boucles d'oreille. Résultat, une oreille fendue et une boucle en moins. Je ne ressens pas de douleur.

Il me revient alors les récits de mon père, j'ai l'impression d'être déportée comme il l'a été.

Je vais rejoindre ma sœur Monique. Je suis impatiente, car le temps m'a semblé long la semaine passée et les journées étaient tristes. Mais les questions tournent dans ma tête. Où vais-je dormir ce soir, à Hendaye ? Comment est-ce, là-bas ? Mieux qu'à Denfert, le bien nommé je trouve, maintenant ?

Nous voilà arrivés. Oh joie ! Il y a ma sœur qui m'attend ! Elle me dit qu'il y a aussi les deux petites, Hortense et Anne. Elles se trouvent dans un groupe de plus jeunes. Nous les verrons au repas demain, vite, vite !

Il y a un dortoir cloisonné par des parois vitrées à mi-hauteur. Je vois les lits, bien propres et bien faits. Une salle de bain assez vaste pour accueillir plein d'enfants à la fois. Comme c'est grand. Trop grand ! Mais pas triste, et très propre partout.

Une obligation qui gâche tout, la sieste. Je suis dans le dortoir. Au fond, de chaque côté, il y a une porte vitrée qu'ouvre souvent la surveillante pour vérifier que l'on ne fait pas de chahut. Interdiction de se lever, aucune exception à la règle. Moi, j'ai souvent besoin de faire pipi, et pas envie de dormir. Déjà que je fais pipi la nuit, si je fais la journée, au secours ! J'ai un truc, je garde un gant de toilette sec avec moi, et je fais dedans comme je peux. Quand il est trop mouillé, je le presse plusieurs fois. Une bonne gymnastique... Après le lever, j'efface discrètement et comme je le peux les dégâts sous le lit.
La sieste, quelle corvée ! En pleine après-midi alors que la plage est si belle, si grande ! Dehors il fait très beau. Que de choses passionnantes à faire ! J'ai envie de courir, de faire la folle !

La mer, je ne l'ai jamais vue auparavant, mais elle est déjà mon amie, comme si je la connaissais. Je vais dans les grosses vagues, je ne sais pas nager, mais je n'ai pas peur. Je reviens sur la plage avec les vagues et du sable dans les cheveux. Je n'arrête pas. Je me souviens avoir cherché des cailloux dans le sable, de toutes les couleurs. Le trésor était important pour moi, et de grande valeur. Je crois que mon amour de la mer me vient de ce séjour. J'aime toujours m'amuser à la plage, et je me régale encore plus en pêchant des coques et des couteaux !

Ici tout est grandiose. Il y a un jardin autour de la « colonie ».

Le temps est souvent beau. Je ne vais à l'école que le matin.

Le réfectoire aussi me laisse un souvenir. D'abord, il y a tellement de tables ! Pas facile au début de retrouver sa place ! Une fois, pour le dessert, on nous sert de la semoule au lait. Je suis incapable d'en manger, même avec de la confiture de mûres ou de cassis. Moi je ne veux manger que la confiture. Interdit de laisser de la nourriture dans son assiette. Comme je ne connais encore personne, ni les astuces de colo, je reste toute la matinée au réfectoire. Je tente de faire un mélange, résultat, il y a encore plus à manger, et j'ai mal au cœur. Heureusement, il y a toujours un adulte plus compréhensif pour arranger la situation, sinon j'y serais encore, dans ce fichu réfectoire !

Un jour de grand vent, je prends des feuilles de papier toilette et nous les laissons s'envoler dans le ciel en courant après. Quelle rigolade !
Je suis une enfant pleine de joie et d'entrain à Hendaye, j'ai envie de jouer, de chahuter, de rire aussi !

Une grande me fait peur avec une histoire de sorcières à laquelle je crois dur comme fer. Je ne sais pas si ma jaunisse provient de cette trouille, mais je tombe très malade. Je dois avoir de la température, et je ne bois que du citron mariné dans de gros brocs d'eau. Ma sœur Monique me rend souvent visite à l'infirmerie.
Maintenant, je suis guérie. Lorsque je quitte cet endroit, on me dit que j'y suis restée trois semaines. Je ne m'en suis pas rendu compte.
De cette longue maladie, il me reste des traces sur les dents. Leur développement a été stoppé un temps. Cela se remarque sur l'émail. Il y a de petites taches jaunes et des

irrégularités dans l'émail. Rien de méchant, mais je n'ai pas une dentition très solide. Il va falloir penser au dentiste assez souvent, quelle horreur pour moi.

Nous avons reçu un colis des parents. Mais toutes les gâteries – bonbons, chocolats – sont distribuées à tout le monde. Difficile pour des enfants de comprendre, d'être contents sur le moment. Les objets sont conservés par les enfants qui les reçoivent mais pour nous il n'y a que des friandises. Je voudrais le dire à mes parents, mais comment ? J'aurais aimé un colis rien que pour nous, mais nous n'aurons que celui-là pendant notre séjour.

Nous avons toutes la même allure, des tabliers écossais et des tresses. Sauf moi pour les tresses, car je frise, enfin une différence ! Monique dit que nous avions des tabliers gris. Nous étions petites et c'était il y a longtemps !

Le séjour à Hendaye, qui dure dix-huit mois, représente une parenthèse dans ma vie. Lorsque je pars, je n'ai pas le sentiment de laisser derrière moi quelque chose ou quelqu'un. Je n'éprouve pas de tristesse. Les lieux étaient très agréables et j'ai fait la découverte de la vie en société, mais je crois que les règles étaient trop rigides. Il y avait aussi un côté impersonnel, un manque d'affection et de dialogue. Ce séjour ne m'a pas traumatisée, mais je ne retrouve pas dans ma mémoire de visages adultes, de cajoleries ou de paroles gentilles. Je trouvais tout uniforme, les jours se déroulaient tous de la même façon. Je n'ai pas ressenti d'élan pour quelqu'un. Je n'ai pas noué de lien d'amitié avec les enfants qui étaient avec nous. Là-bas, tout avait l'air de n'appartenir à personne. Pour de nombreuses périodes de ma vie, j'ai une mémoire d'éléphant. De Hendaye, il ne me reste intacts que les lieux. Il y a un grand vide dans ma tête quand je pense à ces dix-huit mois. J'ai été en contact avec des enfants et avec des adultes qui prenaient soin de nous, mais rien. Pas un visage ne me revient. Je suis comme amnésique, même mes efforts pour mettre un nom sur ma voisine de chambre ne donnent rien.

*

Retrouvailles

Le jour du retour à la maison arrive enfin. Nous reprenons le train, toutes ensemble. Les adultes ne font pas de tri par tranches d'âge ! Plus tard, je ferai une petite comparaison avec les prisonniers de guerre qui sont revenus dans la confusion à la Libération.

Nous voici à la gare mes sœurs et moi. Une gare parisienne froide et triste, Hendaye est déjà loin ! Je sais qu'il manque les deux plus petites, que nous irons chercher plus tard chez leurs nounous – elles sont placées chez deux nourrices différentes.

Je reconnais tout de suite mes parents bien sûr, mais je les trouve différents des autres adultes.
Ma mère n'est pas bien habillée, ni très soignée, comme à son habitude, mais après dix-huit mois de séparation, cela me saute à la figure ! Je prends une superbe claque. Ma mère est très effacée, mais j'en préférerais une autre à l'allure plus soignée. Seulement, les mères bien sont déjà avec des enfants, quel dommage !
Faute pour sa tenue, faute pour les mauvaises odeurs qu'elle dégage, mais surtout, faute car elle n'aime pas nos bisous. Elle est froide comme de la glace.

Mon père se fait remarquer en faisant le clown, c'est très drôle pour les autres, mais dur pour nous. Surtout qu'il a emporté un sac à patates pour l'excédent de bagage. Très joli ! Mon embarras peut sembler ridicule mais la situation sur le moment est difficile à vivre. Non que je veuille donner l'image d'une famille parfaite – ce qui serait irréaliste – mais il y a des limites et les excès de mon père vraiment sont gênants.

Mon père a beaucoup d'amour pour nous, ses six filles, mais en grandissant, je le ressens comme un amour collant, trop envahissant. Il pleure facilement et nous embrasse en même temps. Il a les larmes, la morve au nez, comme s'il était enrhumé ! Résultat, il faut toujours s'essuyer après une démonstration de sa part. De plus, il nous serre contre lui à nous étouffer. En pleine effusion, il nous parle en hongrois. C'est assez joli à l'oreille, mais je n'y comprends rien. Je n'apprécie pas car la séance s'éternise, et mon père en fait trop. En public, ses démonstrations prennent une dimension surnaturelle qui fait rire les autres. Même si ses sentiments sont sincères, et je sais qu'ils le sont, il peut donner l'impression de jouer la comédie. D'ailleurs nos futurs voisins nous appelleront les Bourvil !

Nous sommes bien heureuses de revoir nos parents tout de même et Papa est plus content que jamais de serrer ses filles dans ses bras. Maman reste derrière, pas une larme ne pointe au bord de ses yeux. Par rapport à notre père qui en fait trop, elle c'est tout le contraire, elle ne fait rien ! Pas un seul câlin spontané avec nous, même après cette longue séparation. J'ai l'impression que nous l'embêtons.

Le retour se fait dans le silence. Mon père a l'air préoccupé, un peu triste. Nous sommes chargés dans le métro, avec tous nos bagages. Nous montons dans l'autobus. Il nous reste un petit trajet à faire à pied avant de voir pour la première fois la Cité Danton.

IV

Cité Danton

Triste environnement...

Enfin, nous découvrons notre nouvelle maison.
Les pièces sont à peine meublées… Il y a la chambre des parents, celle des quatre petites et celle des deux grandes filles, et une dernière qui sert de débarras. Les lits sont tristes, très tristes. Dans l'appartement, comme il n'y a pas beaucoup de meubles, tout résonne. Dans nos nouvelles chambres, les draps ne sont pas très frais, plutôt gris et usés. La décoration est inexistante. Surtout tout me semble triste, petit.

À Hendaye, il y avait beaucoup d'espace et les pièces étaient très lumineuses. Il y avait des vérandas avec des plantes exotiques. Je n'ai pas de regrets, mais je fais des comparaisons. Je me rends tout de suite compte que notre situation n'est pas enviable.

En bas de la Cité, nous avons du sable et un tourniquet où se retrouvent les enfants. Les jardins et les grands espaces fleuris n'existent pas ici. La mer immense avec son sable, son soleil et ses jeux sont définitivement perdus pour nous ! Quelle tristesse, vraiment ! Cette mer me manquera tout le reste de mon enfance.

Dans la salle à manger, trône une table imposante avec des chaises dépareillées autour. Il n'y a rien à manger, quel bon début ! Enfin, Papa s'est débrouillé pour notre retour, mais demain ? Je l'entends parler de ses difficultés avec ma mère. Je comprends désormais que nous sommes pauvres. Je préférais la colo, bien que je sache que c'était l'assistance publique pendant presque deux années.

Maintenant, je suis assez « grande » pour savoir qui je suis. Une fillette qui vit dans une famille pauvre, avec cinq sœurs, un père assez fou et vieux et une mère, ou plutôt une demi-mère, qui ne nous aime pas. Je sais que nous manquerons toujours de l'essentiel, l'amour maternel – j'allais dire « affection » tellement le mot « amour » me paraît fort.

Mon père a dû courir partout pour obtenir un logement ici. Il voulait assez de chambres pour y faire dormir toutes ses enfants convenablement. Il n'a pas ménagé sa peine pour trouver cet appartement, car il souffrait de notre placement à l'assistance publique. La paix est revenue pour lui le jour où il a été sûr de pouvoir nous récupérer.

La Cité Danton est une cité de transition, dit-il, en attendant d'être relogés dans des appartements qui ne sont pas encore sortis de terre. Régulièrement, peut-être pour se donner des espoirs, mon père nous parlera d'un déménagement prochain. Dans une merveilleuse cité ou dans une superbe maison. Une propriété avec un étage pour chaque fille. Comme cela nous resterons unis !

Danton, c'est en fait la période la plus longue et la plus importante de ma jeunesse et de ma vie avec mes parents et mes sœurs. Nous resterons dix ans là-bas il me semble.

Aujourd'hui, je réalise que la Cité avait déjà très mauvaise réputation à notre époque. Je ne trouve d'ailleurs pas de photos ou autres informations sur cette cité sur internet, tout le monde semble préférer l'oublier, c'est un peu la cité engloutie !

Un mois environ après nous, les deux petites arrivent. La plus jeune n'a pas eu de chance car elle a fait une chute chez la nourrice, qui la laissait sur une chaise haute sans surveillance. Elle a eu une fracture du crâne. Elle a subi une opération, une « trépanation » comme mes parents disent, sans plus de précision, mais sur un ton qui en dit long sur le côté mystérieux et grave de la chose. Avec mon père, nous sommes allés la voir dans un superbe hôpital, dans le Midi je crois. Ma pauvre sœur avait la tête toute recouverte de bandages, elle dormait profondément. J'ai eu peur pour elle. Mon père m'a dit qu'elle allait déjà mieux, que l'opération s'était bien passée. Puis elle a subi plusieurs opérations des yeux. Là, elle a été transformée en œuf de Pâques ! Elle est restée les yeux bandés, dans le noir complet, après l'intervention, pendant une bonne semaine. Elle a vraiment eu du courage, la pauvre petite. Les séquelles seront lourdes.

Enfin le positif : nous sommes tous réunis ! Pour le meilleur, et bientôt surtout pour le pire.

... et triste ambiance

À Paris, l'ambiance était sereine pour nous, les sœurs. Ma mère ne souffrait pas de notre présence car nous étions petites et peu envahissantes. Elle pouvait nous laisser seules et être libre dans la journée. Quant à mon père, il nous aimait énormément, tout simplement. Il sortait souvent avec une de ses filles. Parfois mes parents se disputaient. Il y a de l'excès dans l'un, un vide énorme dans l'autre, ils ne se comprennent pas et sont incapables de partager leurs sentiments et leurs réactions. Mais vis-à-vis de nous, ils se comportaient correctement. Je ne garde pas souvenir d'une seule fessée à Paris. Surtout, je ne ressens pas d'insécurité dans cette époque de notre vie. Nous étions protégées. Nous vivions ensemble, dans un « cocon familial », loin du regard des autres. Je ne me souviens d'ailleurs pas d'amis, seulement que mon père en avait. Nous les enfants, nous étions sans doute trop jeunes.

La Cité Danton, c'est changement de décor mais malheureusement aussi de scénario ! Pour les enfants, et moi en particulier, le changement ne sera pas agréable sur tous les points. Les regrets arriveront vite car la vie ne sera pas facile ici. Nous aurons faim, peur, honte, et cela bien souvent…

Papa change à la Cité Danton.
Peu après notre arrivée, il trouve du travail à la Ville. Le soir même, il rentre ivre. C'est la première fois que je le vois dans cet état, je garderai toujours ce jour noir en mémoire. Cet homme, là devant moi, je ne le reconnais pas, il est comme étranger. Sa voix résonne drôlement, et je ne comprends pas toutes ses paroles, ni ce qu'il veut dire. Il a un accent que je ne lui ai jamais entendu. Il a de la salive aux bords des lèvres. Il marche de travers et a un drôle de regard. Il sent le vin à plein nez.

Papa se met à la boisson. C'est un vrai drame. Il se détruit peu à peu en crises de nerfs, en crises de folie, en buvant des litres de vin quotidiennement. Il se met en rage pour des riens, sans que l'on sache même pourquoi, souvent lui aussi l'ignore. Il se transforme en ivrogne, ses chutes d'humeur ne font qu'empirer avec le temps, et hélas, l'ambiance à la maison aussi. Papa n'est plus le même. Il devient imprévisible, coléreux à faire peur, à la limite de la folie.

Une soirée dans une ambiance de folie, comme tant d'autres. Nous sommes assises devant la télévision, prises par le suspens du film. Mon père est en plein délire, il insulte tout le monde et personne. Son discours de détraqué, il est le seul à le comprendre. Tout-à-coup, il crache sur l'écran de la télévision, cela coule sur toute l'image. Impossible de regarder le film. De toute manière, il appuie méchamment sur l'interrupteur du poste.

Des années plus tard, les Deschiens feront un sketch là-dessus, et tout le monde à la maison aura un fou rire. Bizarre, la vie…

J'ai l'impression que la guerre et l'exil ont détraqué mon père. Il y a du Docteur Jekyll et du Mister Hyde en lui. Il a vraiment deux visages. Dans ses délires d'ivrogne, je comprends qu'il se sent responsable de la perte des siens. A-t-il donné des membres de sa famille aux Allemands ? Ou est-ce que ce sont ses tortures morales qui lui font dire cela ? Sous le coup de la colère, il nous traite de sales Boches, nous ses enfants, qui n'y comprenons rien. Et il se venge sur nous, les coups tombent drus, comme des bombes ! Mais il n'est pas fou, les autres ne le comprennent pas, dit-il.

Les tourments comme ceux qu'il a connus laissent des traces physiques, et aussi morales. Mon père est pensionné de guerre et reconnu victime, mais il ne reçoit pas les soins appropriés à son état. Sa violence provient, je pense, de sa terrible expérience. Après la Libération, aucun suivi médico-psychologique n'est mis en place pour tous ces malheureux. Il me semble du coup que la guerre continue de faire de très nombreuses victimes, car depuis que la paix est revenue, les familles subissent à leur tour. Mon père ne retrouvera jamais un équilibre mental.

Heureusement, il y a toujours de bons moments, en famille et entre enfants... Avec mes sœurs, nous restons très liées.

Jours d'école... Images du quotidien

Pendant l'année scolaire, le rituel des journées est le même.
Le matin, nous prenons notre petit déjeuner, du pain rassis et du lait, comme à Paris. Il y a aussi la toilette. Mon père nous aide plus régulièrement que notre mère. Il est intraitable pour l'hygiène, il ne nous accepte pas souillées, il nous reprend pour cela, à sa façon ! Il nous apprend même à cirer nos chaussures avant de nous laver, pour éviter de sentir le cirage, et nous montre comment faire : en crachant ! Nous rions bien de le voir faire ainsi ! Nous connaissons la scène du « cirage des bottes » avant de la voir au cinéma !
Je me souviens d'une rentrée des classes. Mon père a préparé nos vêtements, chaque fille a sa pile de linge posée sur une chaise. Il s'occupe seul de nous préparer pour ce grand jour, car il n'a pas confiance en sa femme pour la propreté. Il lave à fond les six filles. Il est brusque et frotte très fort quand il nous savonne et nous essuie. Puis vient le tour de Maman, car cela fait trop longtemps qu'elle ne s'est pas lavée. Papa dit que c'est une honte d'être sale pour une femme. Il a des principes : une femme peut sentir des fesses, mais pas de la bouche ! D'où lui viennent ces idées, bien étranges pour

nous ? Voilà, maintenant, il y a de l'eau partout, car une fois qu'il nous a lavées, il nous dépose sur une serviette dans la salle à manger. Le sol devient vite sale, Maman doit nettoyer. Elle se fait rouspéter et insulter, comme toujours. Dans toute la maison règne l'odeur du savon et du petit déjeuner.

Nous avons toutes des sous-vêtements neufs, mais nos vêtements proviennent de dons, d'associations catholiques ou juives : Papa n'est pas intégriste, il va où l'on donne. Nous aimerions des habits neufs. Parfois je me dis que si les gens gardaient leurs vieux vêtements, Papa serait obligé de nous en acheter. Des neufs rien qu'à nous, le rêve !

Pour toutes chaussures, nous avons des « taloches », quelle barbe ! Données par la mairie, tous les ans la même paire, pour toutes les six, le même modèle de godillots ! Ces souliers sont très raides et inusables. Je passe du temps à essayer de les user en les frottant sur le trottoir, en vain ! Jusqu'à la fin de l'école primaire nous y aurons droit. Pas d'échappatoire possible, sinon, nous sommes nu-pieds.

Nous allons bien sûr à pied à l'école, comme tous les autres enfants de la Cité. J'ai encore dans les oreilles le bruit que nous faisons en descendant les escaliers. C'est un raz de marée d'enfants joyeux et turbulents ! L'hiver, les cartables glissent sur le sol gelé, plus souvent qu'ils ne sont portés… Ils doivent être solides, car nous les gardons plusieurs années de suite puis les petites en héritent.

Sur le chemin, nous passons devant une superbe boulangerie. Un jour, la vitrine nous tente plus encore que d'habitude. Nous voilà dans les lieux en train de commander des pâtisseries et des paquets de Prince pour nous six. La boulangère inscrit la note sur le crédit de mon père – il fait des crédits partout ! Quand il voit la somme, mon père refuse de payer. Il est persuadé de se faire voler, malgré les explications de la dame. Il ne veut pas croire que ses filles ont fait un crédit sans son accord. Après cela, nous nous sentons obligées de faire un détour car la boulangère pourrait nous disputer. Le chemin s'en trouve assez rallongé. Nous tenons un temps, puis nous reprenons nos habitudes. Mon père ne nous a jamais rien dit au sujet du crédit, mais il faut dire qu'il n'a jamais payé. Dans la boulangerie, une odeur délicieuse nous entrait par les narines ! Quel dommage ! J'adorais y aller, rien que pour cette odeur.

J'aime beaucoup mon école Rouanet. C'est une petite école. Nous formons un groupe uni. Les camarades, malgré notre tenue vestimentaire et notre réputation, nous acceptent dans leurs jeux. Ils comprennent que nous avons « notre dose » à la maison. De toute façon, nous ne nous laissons pas embêter et restons très soudées entre sœurs. Je suis une petite fille joyeuse, une meneuse, les copines m'apprécient. Je suis toujours prête à dire des bêtises et faire le clown ! Contrairement à Hendaye, j'ai énormément de contacts à la Cité Danton et il me reste plein de souvenirs de cette période en compagnie des autres.

La maîtresse est très jolie. Elle a des cheveux blonds, longs et soignés, comme la mère de mes rêves. Je l'ai plusieurs années de suite et suis très heureuse dans sa classe. Elle me trouve intelligente et elle m'aime bien même si je suis dissipée et très bavarde. Je perturbe la classe en faisant le clown. Les zéros de conduite, je les collectionne ! Mon livret déchaîne les colères de mon père. Là au moins, je sais pourquoi je reçois des claques, ce qui n'est pas toujours le cas ! Parfois, je triche en ajoutant un « + » à côté de ma note de conduite…

J'ai toujours été médiocre en géographie. Un jour, la maîtresse me demande de venir au tableau pour réciter ma

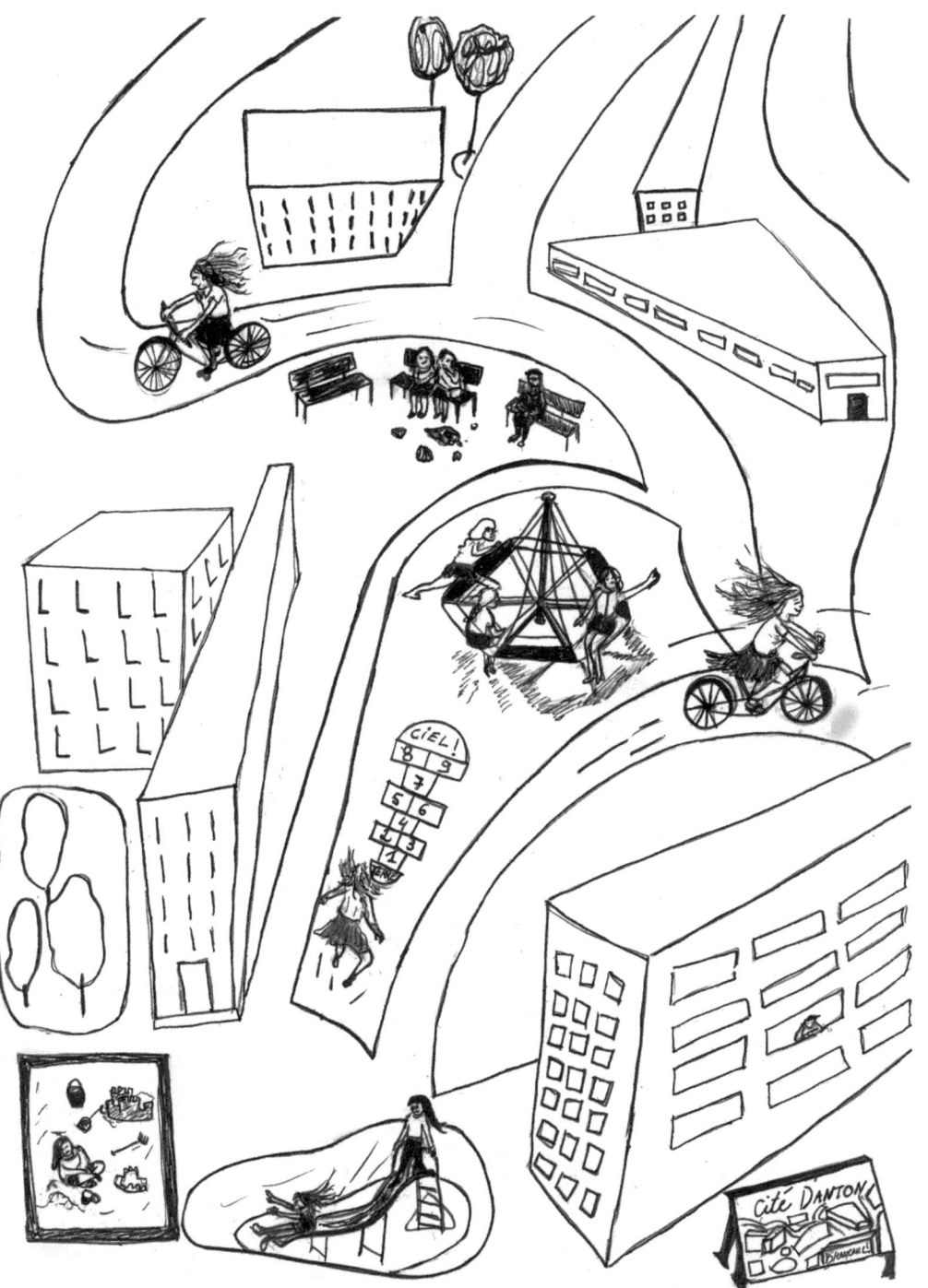

leçon. Je n'en sais pas un traître mot. Comme je ne veux pas rester sans rien dire, je me mets avec beaucoup d'application et en mettant le ton à réciter *La Chèvre de Monsieur Seguin*. Je connais encore les paroles par cœur. Inévitablement, toute la classe éclate de rire, mais je poursuis, imperturbable, je tiens à aller jusqu'au bout ! Je trouve que j'ai fait un effort, mais la maîtresse n'est pas du même avis. Elle reste tout de même indulgente et m'oblige simplement à rester avec elle pendant la récréation. Je dois arroser les plantes, j'adore ! Elle m'explique que ma conduite laisse à désirer. Je dis que je n'ai pas voulu me moquer, mais montrer que je savais des choses. Nous nous comprenons. Je pense qu'elle connaît un peu ma situation même si je ne lui en parle pas. Mes parents, en tout cas, ne sont jamais convoqués.

Au retour, à la maison, le goûter est frugal, mais il se déroule souvent dans le calme. Mon père est encore dehors pour un moment.

Avec mes sœurs, nous essayons de faire nos devoirs avant son retour, pour éviter qu'il nous aide et que ses colères nous tombent dessus. Il manque cruellement de patience pour les devoirs. Les claques tombent à tour de bras. Cela nous bouche les oreilles et la compréhension. Mon attention est fixée sur le moyen d'éviter les coups et je n'enregistre rien. En plus, il ne pense pas comme la maîtresse. Comme c'est lui qui a raison, je ne vous dis pas les notes en classe, après la correction !

Ma mère ne sait pas nous conseiller pour nos devoirs, mais elle ne nous embête pas. Souvent elle nous laisse aller jouer dehors avec les enfants de la Cité. Quand mon père est là, nous en avons rarement le droit. Il tient à protéger son aînée des garçons, les rares fois où il m'autorise à sortir, je dois être accompagnée de mes sœurs. Toutes les sœurs sortent, ou aucune, pas de discussion là-dessus ! Cela a toujours été bien accepté par nous toutes, d'autant que nous nous sentons plus en sécurité ensemble, loin des colères de notre père.

Jour de permission de sortir : direction le tourniquet où l'on chante à tue-tête. Six filles, cela fait du bruit dans la Cité ! Parfois, nous faisons le tour de la Cité à vélo, toujours en chantant. J'adore, cela me donne comme un sentiment de liberté.

Rosalie est dans le sable et deux petites filles se moquent d'elle, cela la fait pleurer. Résultat, une petite bagarre entre fillettes, attention les griffes sont de sortie ! Les cheveux sont arrachés ou emmêlés. Bien entendu, il est sage de protéger ses oreilles car les cris et les gros mots sont aussi de la partie !

Un autre jour… J'ai la permission de sortir. Il fait très beau cette après-midi et Papa est absent, parti dans les bistrots. Je rencontre une copine-voisine, puis Dédé se joint à nous, et nous rions ensemble comme tous les jeunes. Le copain me drague gentiment :
« Marie, à quand nos fiançailles ? »
Que me trouve ce gars ? Il me mène en bateau ? Pourtant, il a l'air très gentil. Jamais il ne se moque de moi, de mon accoutrement. Mais il ne pense qu'à s'amuser, et je ne peux pas me le permettre. J'ai mes sœurs sur le dos et nous sommes dans la misère et la crasse jusqu'au cou !
Ma petite sœur arrive avec mon quatre-heures, je lui dis merci. Ma copine fait la curieuse, elle veut savoir ce qu'il y a dans mon pain. Je suis obligée devant toute la troupe d'ouvrir mon pain, et dedans il n'y a que de la moutarde.
Moi : « Ah zut, ma sœur a perdu la saucisse en route ! »
Je jette mon pain dans le caniveau. La copine en reste toute

bête ! Je pense « Tu ne m'as pas eu, peste ! », et je dis :

« Salut les copains, je vais rentrer boire un verre et prendre un autre goûter ! »

Je pars récupérer mon pain, car j'ai faim, mais je ne le retrouve pas. Tant pis pour moi, car à la maison, pas question de se servir deux fois.

Arrive le dîner, pas toujours de fête, et rarement dans un bon climat. Au menu, le plus souvent : des « ratas » de pâtes ou des « ratas » de patates, avec des nouilles parfois pour rallonger le plat, faits par notre mère. Attention, car pour un mauvais plat, une colère terrible peut éclater.

Puis vient le soir… À Danton, les jours me semblent parfois interminables, tant la peur est pesante. Le coucher se passe parfois, puis de plus en plus souvent, dans les cris et les larmes. Mon père est régulièrement énervé après une ou plusieurs de ses filles. Ma mère ne nous défend jamais, elle a peur de mon père et refuse de se faire taper pour nous. Bien souvent, nous allons au lit dans des conditions inhumaines. Il faut imaginer les scènes que mon père nous fait, il entre dans des crises terrifiantes que nous ne comprenons pas. Nous préférons ne pas attendre les coups et partir dans nos chambres avant l'orage. La nuit, j'évite de me lever, car j'ai peur de me faire rouspéter et corriger.

Jours de fête

Le jour de fête est affiché sur les boîtes aux lettres : c'est le jour où vient l'agent payeur. Nous allons pouvoir régler nos achats vitaux, et tous les autres !

Le 1ᵉʳ de chaque mois, en général, la mobylette pétarade dans la Cité. L'agent me fait penser au poinçonneur des autobus, avec sa petite sacoche en cuir marron accrochée à sa ceinture. Dans son sac se trouve l'argent des allocations familiales. Toute la Cité est en joie, cela se voit sur le visage des chefs de famille. Les pères accourent en bas du bâtiment, pour toucher les allocs du mois, en argent liquide. Le décompte se fait au centime près. J'entends, quand je ne suis pas à l'école, le bruit des pièces qui sonnent dans les mains. Les discussions sont animées, les rires fusent. La richesse est là au moins pour quelques jours.

Il va sans dire que nous profitons immédiatement de ces temps favorables, où l'argent rentre dans nos foyers. Soit notre ordinaire se trouve amélioré, soit, simplement, l'ambiance est sereine à la maison. Une trêve bienvenue.

Quand l'argent est là, mon père revient parfois des Halles avec d'énormes morceaux de viande qui dépassent de son gros sac en jute, qu'il a porté sur son dos dans les transports en commun. Souvent le sac est taché, sanguinolent ! Nous mangeons très bien alors. Mon père fait par exemple panner des escalopes de veau. Il prépare des escalopes viennoises en somme – toujours l'amour de sa Hongrie natale ! Le lendemain, il ne reste plus rien. Au lieu de couper en deux les portions pour en garder un peu, non non !
Quand il n'est pas saoul, il cuisine aussi des poivrons farcis qui diffusent une bonne odeur partout. C'est le festin assuré ! Ou bien il concocte des coquillettes au pavot gonflées dans le lait sucré. Il y a aussi le borsch, les légumes farcis et la goulash – des pommes de terre à la sauce tomate et aux oignons avec du bœuf – parfumée au paprika, comme la plupart de ses plats. Mon père met du paprika jusque dans

le fromage, qui est rouge. Son fameux fromage maison est fait à partir de crème d'anchois, de beurre, de roquefort et d'oignons coupés en morceaux. Il lui donne une forme de cœur. Et il y a les gâteaux hongrois bien sûr, au pavot, ou aux noix et raisins.

Quand il cuisine, mon père nous raconte que son père était cuisinier de l'empereur François-Joseph, en Autriche-Hongrie. Nous le savons déjà bien sûr, et cela nous semble d'ailleurs un peu paradoxal vu notre univers habituel de patates à l'eau. Nous voyageons très souvent vers la même destination ! Nous profitons de l'ambiance sereine. J'apprécie ces instants privilégiés de paix et d'échange. Ses plats sont un régal pour toute la famille. Mon père aime faire la cuisine et la fait très bien. Nous goûtons hélas moins souvent à ses plats qu'à ceux de notre mère. Il faut dire que s'il n'y a pas d'argent, il ne cuisine pas.

Quand il a fini de préparer à manger, un monceau de vaisselle sale encombre l'évier, la cuisine est dans un bazar indescriptible. Ce n'est pas son problème, les corvées sont pour sa femme. Ma mère ne cesse de soupirer. Que de travail pour un tout petit courage.

La recette du gâteau hongrois de mon père

On met à tiédir un quart de litre de lait.
Une fois tiède, on en verse un fond dans un bol, on délaie de la levure boulangère (25 grammes), une demi-cuillère à café de sucre et une demi-cuillère à café de farine.
Dans le reste du lait tiède, on fait fondre 10 grammes de beurre.
Pour faire la pâte, on verse 500 grammes de farine dans un grand récipient, on ajoute les préparations avec le lait, un sachet de

sucre vanillé et un œuf entier.

On mélange bien et on travaille la pâte. Elle ne doit plus coller au récipient.

On laisse lever la boule et quand elle a doublé de volume, au bout d'une heure environ, on l'abaisse au rouleau à 5 millimètres d'épaisseur.

Pour la garniture, on broie 150 grammes de graines de pavot, que l'on mélange à 100 grammes de sucre, avec une grosse pomme râpée et un zeste de citron.

On badigeonne la pâte avec 15 grammes de beurre fondu, on étale dessus la garniture, on roule le gâteau et on referme aux extrémités.

On attend un quart d'heure pour que le gâteau lève encore un peu, on dore au jaune d'œuf et on fait cuire au four une bonne demi-heure à 200°C.

Tout à coup un souvenir du marché des Halles me revient.

Mon père aime y faire ses courses. Il y connaît beaucoup de monde. Nous arrivons, mon père et moi, souvent tard, après avoir parlé dans toutes les langues à pas mal de copains en chemin. Il y a moins de clients que de marchands quand nous arrivons. C'est l'heure de la braderie. Mon père achète des lots de fruits et de légumes, par cagettes. Soit des bananes assez blettes, trop mûres, immondes ! Soit un lot de légumes : pommes de terre de plusieurs sortes, un reste de tomates molles… Il ramasse ce qui traîne autour des charrettes de bois recouvertes de plastique vert, presque vides.

Les marchands mangent un casse-croûte et boivent un petit verre en parlant entre eux et avec les quelques clients retardataires. Il y a aussi les lots de fromage qui embaument ! Les fleurs commencent à avoir chaud sur l'étalage voisin, et je me demande qui va acheter cela. Des détritus s'amoncèlent partout. Que de bruit et de rires, dans ce fatras de papiers et de vieux légumes, avec des odeurs mélangées.

Après il faut rentrer à la maison, chargés comme des anges ! Mais mon père n'a pas peur de venir avec le landau et de le remplir. Il a aussi fabriqué une charrette en fer, grande et profonde. Pour y mettre les courses, il me faut presque me coucher dedans. Je n'y arrive que quand elle est déjà à moitié pleine.

Un jour où nous avons bien acheté, le boucher donne le mou et le cœur, une horreur ! Il ferait mieux de nous donner quand nous n'avons rien, et autre chose que du « pas bon » comme cela ! Car cette viande figure au prochain menu ! Je me demande si tous les clients ont le même cadeau. Plus tard, me dis-je, quand je serai grande, si un boucher m'offre du mou, je n'irai plus acheter dans sa boutique ! Je n'aime ni le bruit que j'entends lorsque qu'il est coupé aux ciseaux, ni le goût. Je n'en donnerai jamais à mes enfants. Vraiment c'est infect, je n'arrive pas à l'avaler et la voisine le donne à ses chats, alors ! C'est de la viande pour animaux. Le chat ronronne en le mangeant. Nous, les enfants, avons toutes des haut-le-cœur. Ce plat, il y en a toujours trop. Même ma mère n'en mange pas des tas, c'est dire ! La viande devient toute noire à la cuisson, mon père tente chaque fois de nous faire croire que ce sont des champignons.

Très souvent, mon père va « à la chasse aux repas » pour sa famille. Il est très débrouillard, et sait faire sortir ses larmes pour amadouer les gens. De cette façon, il obtient de nombreux prêts, qui restent souvent dus et il bénéficie de dons pour les vêtements, la nourriture. L'argent est donné ou prêté « à fonds perdu »…

Il faut savoir que chez nous, les achats se font seulement s'ils sont indispensables. Cette règle vaut pour la nourriture, les vêtements et aussi les soins médicaux. Ce n'est pas que mon père soit radin, c'est un vrai panier percé. Mais pour faire des dépenses, il faut gagner de l'argent. L'argent va avec le travail. Chez nous, il n'est pas régulier !

Les métiers de mon père

Mon père a eu plusieurs métiers.

À Paris, quand il arrive, il est réparateur de bougies de voiture. Il se met à son compte avec un copain et a pour clients les chauffeurs de taxi. Il revend les bougies retapées aux Halles. J'aime l'accompagner.

Puis il travaille à Sud-Aviation, il a une bonne place qui lui plaît bien. L'usine s'éloigne de Paris. Mon père a trop d'attaches dans cette ville et refuse de suivre. C'est dommage, nous avons alors une stabilité de vie.

Ensuite, il vaque à la couture, domaine des Juifs parisiens en ce temps. Pas pour confectionner des vêtements, mais pour faire des livraisons. Ce poste lui permet d'offrir de beaux cadeaux aux « filles » qu'il côtoye régulièrement. Elles ont droit à de beaux tissus et à des vêtements qu'il arrive à faire confectionner grâce à ses combines de débrouillard ! Il offre à ma mère plusieurs superbes tenues.

Je me souviens d'une en particulier : de couleur bleu et noir, elle est composée d'une veste mi-longue et d'une jupe droite. Pour compléter l'ensemble, un joli bibi dans le même tissu – une sorte de chapeau serre-tête un peu comme celui du bonhomme Banania, mais moins haut. Dans cette tenue, ma mère est transformée, elle est magnifique ! Elle la porte pour de grandes occasions, jamais avec nous, malheureusement. Elle la met quand elle accompagne mon père aux repas des anciens combattants ou à des fêtes juives par exemple. Nous aimerions bien profiter, nous aussi, les sœurs, des livraisons de notre père et de ses combines, plutôt que de la générosité des gens pour nos vêtements.

Après son travail de livreur, mon père entre dans l'administration. Il fait la circulation, habillé comme un policier. Je ne sais pas si le képi lui monte à la tête, mais il n'y fait que des bêtises. En assurant le passage des piétons, il ne se prive pas de mettre la main aux fesses des jolies filles. Il choisit ses rues, pas forcément les bonnes. Il doit protéger les sorties des écoles mais n'y va pas toujours. Il fait selon son bon plaisir.

La Ville le mute alors à un poste de cantonnier.

Mon père pourrait avoir une très bonne situation, mais il n'est pas très organisé. Enfant, il a eu des précepteurs qui lui ont enseigné les différentes matières et les langues étrangères. Il parle cinq langues et a beaucoup de connaissances. Très utile vu la vie qu'il mène !

L'énergie de ma mère

Les filles : « Maman, tu peux laver ma robe pour demain, je n'ai que celle-ci de mettable ? »

Cette situation fait partie de notre quotidien. Ma mère ne fait de lessive que dans l'urgence. Elle n'a de courage que lorsque nous n'avons plus de change propre. Et encore, elle nous donne souvent nos affaires sales à remettre le lendemain ou nous devons nous débrouiller sans elle.

Maman : « Non, fais-le toi-même. »

Maman accumule le linge sale, et n'a pas le courage de se mettre à la lessive. Papa finit par crier pour que le travail se fasse. Mais ma mère est têtue, et mine de rien, elle fait toujours à son rythme, quitte à se faire bousculer par son mari. L'ambiance devient oppressante, nous n'avons pas le cœur à rire. Il faut dire que l'odeur qui règne dans la salle de bain est assez forte.

Ma mère ne fait rien dans la maison, tout est trop fatigant. Elle ne change pas nos draps même quand ils sont souillés depuis plusieurs jours. L'hiver, je ne vous dis pas la torture pour entrer dans un lit mouillé. Même toute petite, à Paris, elle me laissait dans mes draps sales. Mon père supporte un temps de voir le travail de la maison en plan, puis il éclate, et alors attention à elle, et à nous.

Elle ne prend pas soin d'elle non plus. Elle s'habille pour se couvrir, sort bien souvent avec les chaussures de son époux. Elle ne prend pas de temps pour se coiffer, pourtant elle a de beaux cheveux. Elle ne sent pas très bon. Par contre elle mange énormément, bon ou mauvais, tout fait ventre.

Ma mère peut rester des journées entières sans occupation, à se tourner les pouces, en fredonnant un air vague. Son passe-temps favori : recopier nos livres de classe, qu'elle ne remet pas toujours dans nos cartables, ce qui nous vaut des punitions.

Elle a souvent envie d'être seule.

Ma mère : « Bon, allez jouer dans la chambre, j'ai à faire. »

Son gros travail du moment consiste à tricoter des vêtements pour ses nounours et ses poupées ! Nous avons le droit de jouer avec, mais nous n'avons pas de pulls faits par elle, ils sont trop longs à réaliser.

Il ne faut pas croire que ma mère soit une femme triste. Elle me fait plutôt penser à une imbécile heureuse. Sitôt qu'une occasion se présente, elle s'amuse et de bon cœur. Les simples d'esprit savent en général très bien se divertir. Elle rit souvent de petits riens et possède un rire qui résonne loin derrière elle. Une fois, au cinéma, les gens se sont mis à rire avec elle, elle a déclenché un fou rire collectif. La gaieté est le petit côté positif de ma mère. C'est toujours ça de pris.

Nos achats entre sœurs, et en famille

Nous avons plusieurs commerces autour de chez nous.

Peu de temps après notre arrivée, une épicerie « ultra-moderne » ouvre dans le bas de la Cité. Nous l'appelons évidemment Le Nouveau, surnom que le magasin gardera même après dix ans d'ancienneté. Nous sommes rapidement grillés comme clients dans cet établissement. Mon père y demande périodiquement un crédit. Du 3e au 28e jour de chaque mois. Il n'a pas fini de régler la totalité de sa dette qu'il en redemande un autre. Les nouveaux sont vite lassés de ces clients sans le sou. Nous voilà contraints d'acheter avec de l'argent « sonnant et trébuchant ». Autant dire que l'épicerie perd vite un client.

Au bout de la rue, il y a une autre épicerie, que nous baptisons Le Gros. L'épicier doit manger ses invendus car il est loin d'être mince ! Il nous sert de la marchandise qui n'est plus de toute première fraîcheur, en lots. Il fait des ardoises salées à mon père. Mon père lui dit un jour qu'il a un stylo en forme de fourchette.

Une fois avec mes sœurs, nous ajoutons des chiffres à

l'addition. Cerises, biscuits, bonbons de toutes sortes… Nous « achetons » toutes ces gâteries qui nous font envie pour aller les dévorer dans un coin tranquille. Nous n'avons pas à mentir, le marchand veut vendre ! En chemin, un homme nous suit, peut-être nous prend-il pour des voleuses ? Nous sommes tentées de tout abandonner en route ! Enfin, nous trouvons un endroit discret pour notre superbe goûter…

Un lieu d'importance pour les filles, le Café de la Paix. Nous prenons vite avantage de la disposition de la boutique. Une très vieille dame doit descendre un petit escalier avant de venir nous servir des bonbons au détail. Cette vieille dame descend les marches étroites à très petite vitesse. Cela nous laisse le temps de voler, ou alors de faire notre choix parmi les Mistrals gagnants, dans l'espoir de tomber sur le sachet de bonbons en poudre qui contiendra le mot « gagnant » ; en échange de l'emballage vide, nous aurons un sachet plein ! Les petits caramels à un centime, les chewing-gums gagnants aussi, les petites souris au réglisse et au caramel, les roudoudous, les boîtes en fer de coco… Ici, c'est notre paradis.

Une bonne partie des souris et autres se faufile dans nos manches de vêtements. Il ne nous reste plus qu'à tendre généreusement notre pièce de vingt centimes. Généralement, nous achetons des bonbons à cinq centimes. On se débrouille avec les moyens que l'on trouve. Le vol ne fait pas partie de notre culture, mais nous sommes des enfants et l'on se laisse assez vite tenter. Nous n'avons pas mauvaise conscience pour nos écarts. J'espère un jour pouvoir payer mes achats, comme tout le monde.

Un peu plus loin nous avons aussi un Monoprix, où nous pouvons rêver au chaud et au sec. Nous essayons les

produits de beauté. Parfois nous passons un petit bijou de pacotille très brillant, et très coloré. Nous sommes un peu comme les pies.

Je me souviens aussi du magasin Égé, une grande surface pour l'époque. On y trouve de la nourriture. Nous, les enfants, sommes surtout intéressées par le rayon chocolat. Au début, nous nous contentons d'ouvrir l'emballage d'une tablette pour prendre les bons, qu'il faut collectionner pour faire comme les camarades. Puis nous osons goûter un carré ou deux et enfin, nous dévorons toute une tablette. Nous sommes vite repérées par la gérante pas très commode. Il faut dire que nous n'étions pas très discrètes à six filles, sans achat !

Je repense à la façon dont mon père achète les lunettes de mes sœurs... Toujours le même manège. Le médecin dit qu'il faut qu'une fille porte des lunettes, que sa vue n'est pas bonne. En route pour cet achat important, souvent groupé, pour toutes les filles dans le besoin. Dans notre vie de gamines, nous sommes habituées à cette façon de faire. Notre père « mène la barque ». Ma mère suit docilement. Lui seul sait bien faire les courses, toutes les courses sans exception. Elle n'a pas le droit de les faire seule. Mon père dit qu'elle en est incapable, ce qui n'est pas entièrement faux, ou il refuse de lui confier de l'argent. Nous les filles, nous avons un peu essayé de faire changer cet état de fait. Impossible ! Mon père reste arcbouté sur ses idées, il est plus borné qu'un âne !

Pour l'achat des lunettes, Rosalie bénéficie d'un « traitement de faveur » : elle a droit à une visite médicale en règle, et à l'achat de lunettes chez un spécialiste. Il faut dire que son cas est grave. Bien entendu, on lui achète les lunettes les moins chères, donc pas les plus belles. Le modèle économique, tout le monde le connaît : les lunettes ont des montures en plastique transparent et sont lourdes à porter. Pour la santé, nous avons droit à l'indispensable. Pas question de mettre de l'argent là-dedans, nous n'en avons pas. Les visites du docteur et les médicaments sont gratuits, pas les paires de lunettes...

En ville les opticiens ont des allures de bijouteries, ils ne sont pas pour nous. Notre père préfère nous emmener aux Puces de Montreuil. Système Débrouille ! Monique et moi avons la chance d'avoir de bons yeux, mais toutes les autres ont besoin de binocles. Chacune essaie différentes paires placées en vrac dans un carton. Le critère du choix n'est pas la vue, mais la monture seule. Eh oui, elles sont coquettes les filles ! Il faut du temps pour trouver des lunettes à son goût et si possible à sa vue dans toutes ces vieilleries. Anne est prudente car la dernière paire de lunettes lui a causé des maux de tête terribles. Elle était toujours obligée de les porter. Vraiment, elle manque de chance : la paire la plus horrible de la caisse correspond parfaitement à sa vue. Les montures sont marron et très grosses, pires que les lunettes de Nana Mouskouri. Elle les portera longtemps, au moins deux ans. Je la plains encore ! Que de moqueries doit-elle subir de la part des camarades à cause de ses lunettes démodées et bien voyantes sur son nez couvert de taches de rousseurs !

Cette chasse aux lunettes, malgré tout, nous amuse toutes. Mon père est très joyeux pendant ces sorties, et il aime sortir avec ses filles. Il est très fier de nous. Il nous achète souvent une baguette viennoise que nous partageons. Quand il est riche, nous avons aussi une tablette de chocolat avec. Souvent le pain est chaud, quel régal ! Les gâteaux ne nous font pas envie, mais le pain, nous adorons !

Les soins spécifiques de mon père et les visites du médecin

Mon père a une sacrée manie. Il charcute nos boutons. Il ne les supporte pas. Le moindre bouton qui a osé pointer son nez sur notre minois, le moindre furoncle qui s'est invité sur notre corps – et nous en avons souvent, sans doute à cause de notre alimentation – il le repère et lui fait sa fête. Il nous installe illico sur la table de la salle à manger et se lance dans un nettoyage en règle. Il nous arrose généreusement d'alcool à quatre-vingt-dix degrés. En un éclair, les croûtes sont arrachées, alcoolisées, désinfectées, teintées de rouge. Des cris de douleur sortent de nos bouches, c'est une véritable torture ! Sous ses doigts experts, le plus petit bouton se transforme en gigantesque plaie. L'effet est superbe, surtout sur le visage !

Pour les poux, il se montre très patient. Il sait prendre son temps pour nous pincer et tirer sur notre chevelure emmêlée ! J'ai des cheveux très longs, une perruque à la Louis XIV, les poux m'adorent ! Malgré les efforts de mon père pour notre hygiène, ils s'installent dans nos têtes et gagnent du terrain, signe de bonne santé paraît-il. Pour en venir à bout, mon père m'arrose la tête avec du pétrole. Très efficace, mais douloureux pour moi. Mon cuir chevelu est tout engourdi. J'espère que le cerveau reste à peu près intact ! De plus, il me met à l'écart pour éviter de contaminer mes sœurs. Après une nuit passée la tête dans un foulard, les bêtes tombent par tas. Une vraie horreur. Je ne sens plus la peau de mon crâne. Au matin mon père me lave les cheveux et passe le peigne à poux. Au secours ! Cela tire beaucoup !

Mon père gratifie aussi ses filles de séances de frisage. Il met une pince à friser sur le feu, teste la chaleur du fer sur une feuille de journal, puis il passe à l'attaque. Comme je frise, je n'assiste qu'en spectatrice à la scène. La séance dure une après-midi entière, toutes mes sœurs y passent. Quel supplice ! Les feuilles de journaux brûlent autant que les cheveux, la pièce sent le roussi. Les cheveux collent en paquets sous l'effet de la chaleur. Un léger coup de peigne pour la finition : mon père est très fier du résultat ! De plus, comme le travail est bien fait, la coiffure dure. Après ces séances, les filles ont du mal à passer le peigne dans leur tignasse crépue, à demi brûlée par le fer trop chaud !

Mon père, lui, ne supporte pas d'être peigné à cause de ses migraines, un héritage des sévices subis dans les camps.

Il est d'ailleurs en avance sur la mode : il se rase la tête. Plus exactement, ma mère lui rase la tête, quand il n'a pas mal au crâne. Inévitablement, il y a des crises de nerfs, car ma mère ne sait pas faire comme mon père désire. Je lui dis un jour :

« Tu devrais le faire toi-même, cela éviterait tout ce cirque ! »

Une bonne trempe pour moi, j'ai encore parlé avant de réfléchir. Ma mère n'a pas bronché, comme d'habitude. Je suis différente, je n'arrive pas à rester sans réagir devant les injustices. Là, je trouve que ma mère fait comme elle peut. Mon père est tellement agité, que c'est même un miracle que le rasoir ne le coupe pas !

À la maison, c'est mon père qui appelle le médecin. Il le fait venir assez souvent car je souffre moi aussi d'atroces migraines, qui me font vomir. Elles étaient plus fréquentes et plus sévères encore à Paris que maintenant – l'air vicié certainement et peut-être le coup donné par le voisin. Comme nous bénéficions de l'AMG, l'aide médicale gratuite, le docteur nous fait passer après ses autres patients. Entre-temps, ma mère m'a donné une préparation très salée pour que je vomisse plus vite, cela m'a soulagée un peu, et bien souvent, quand le docteur arrive, ma migraine a disparu. Il se contente alors de prescrire des médicaments pour la famille. Il va sans dire que nous sommes turbulentes : la solution est le sirop Phénergan, qu'il donne sans problème.

C'est un bon médecin, très à l'écoute des enfants.

Une chance pour Monique : le ver solitaire ! Le médecin lui prescrit un sirop au goût de banane et nous explique que c'est une bête résistante qui met une capote de protection lorsque les médicaments arrivent sur elle. Ma sœur maigrit et met du temps à se débarrasser de la bête. Elle peut la voir quand elle sort par morceaux. Elle a très peur, la frangine !

Parfois, je suis comme le ver solitaire. Lorsque la vie à la maison est trop insupportable, je mets ma capote de protection. Je m'isole du bruit, des cris, de la peur et de l'insécurité. Je pense que je fais cela moins bien que le ver, mais je tiens le coup, malgré tout.

Pour les soins dentaires, comme j'ai des dents qui, sans être noires, me font atrocement souffrir, je dois voir le dentiste. Un vrai monstre de brutalité qui me donne pour toujours la peur du dentiste. Le bruit de la roulette résonne dans ma tête, et la panique me prend. J'ai plusieurs dents qui me sont arrachées sans trop de manières. Je n'ai pas le choix du docteur, il me faut aller au dispensaire de la ville. Je m'y rends seule, ma mère ne m'accompagne jamais pour me rassurer. Les rendez-vous des petites, le plus souvent, c'est moi qui m'en charge. À moi également de les rassurer, alors que j'ai aussi peur qu'elles du dentiste et des gâteries médicales, piqûres et examens. Rien ne nous est jamais expliqué, il faut subir, point final.

Aujourd'hui, c'est jour de fête, mais je me sens triste, je ne sais trop pourquoi. Je ne me sens pas en forme, je suis toute bizarre. J'ai très mal au ventre. À un moment, je m'évanouis dans un fauteuil. Je vais aux toilettes, et catastrophe, j'ai du sang partout. J'ai dû me blesser, en m'essuyant trop fort... Je vais en parler à ma mère. Elle m'informe, le plus calmement du monde, que c'est normal. Elle ajoute que cela va se répéter tous les mois de ma vie.
Quel choc, je n'ai que onze ans ! Je proteste, je dis à ma mère qu'elle aurait pu me prévenir, me préparer gentiment. Les maux de ventre dont j'ai souffert ces derniers temps, elle m'explique que mes ovaires – je ne les connaissais pas, ceux-là – en sont la cause.

Je me charge d'informer chacune de mes sœurs, sans les brusquer, pour leur éviter la mauvaise surprise. Je sais aussi que maintenant je peux avoir des enfants. Je joue encore avec mes poupées pourtant. Je m'en occupe très bien d'ailleurs, elles n'ont pas un seul grain de poussière sur elles. Je ne me trouve pas plus grande dans ma tête qu'hier, pourtant je suis une jeune fille.

Bien sûr, c'est mon père qui va acheter mes serviettes hygiéniques à la pharmacie. Il ne les range pas dans un sac après, il les expose à la vue de tous les passants. J'ai honte !

Nos hivers et Noëls un peu spéciaux

Une période inoubliable de l'année, l'hiver. De nos hivers vient certainement l'expression « l'hiver sera rude » !

Le chauffage provient d'une chaudière centrale, individuelle, à charbon. Le problème est de pouvoir acheter ce charbon. Mon père est en grande discussion avec notre voisine du dessous à ce sujet. Il dit être chauffé par le Saint Esprit, la voisine en colère lui répond que c'est elle, la providence ! Lorsqu'elle met sa chaudière en marche, la chaleur monte un peu chez nous. Heureusement que nous ne demeurons pas au rez-de-chaussée !

Au lever, les vitres sont pleines de givre avec de jolis dessins, comme dans le poème *Le Givre*, dont je ne me rappelle plus que le titre. Nos visages sont souvent violacés par le froid qui règne dans la maison. Notre souffle forme un nuage de fumée, comme ce nuage qui flotte au-dessus du bol chaud au petit déjeuner. Nous sommes bien contentes d'aller à l'école pour être un peu au chaud. Quand nous sommes regroupées dans nos chambres, notre chaleur s'accumule, encore une chance d'être nombreuses !

Des hivers rudes, j'ai hérité une bonne résistance au froid, je ne suis pas frileuse. Mon père non plus ne l'est pas. De son pays, il nous dépeint la neige, des montagnes ! Il ne pouvait plus sortir de sa maison par les portes, il passait par les fenêtres tant la neige était abondante.

Une faible lueur dans nos longs hivers : Noël. Pour Noël, c'est Papa qui cuisine. Il fait des gâteaux hongrois, des roulés aux noix et raisins secs, et des roulés au pavot, les deux. Il fait aussi un immense sapin avec de vraies bougies, mais il fait très attention ! Des mandarines décorent l'arbre. Il y a aussi de petits sujets en pain d'épices colorés avec du sucre glace. Quelques jours avant, nous enveloppons des bonbons fondants et les crottes en chocolat. Bien entendu, un petit nombre disparaît dans nos bouches très discrètement. Nous mettons du fil pour les suspendre à l'arbre. Il y a aussi des noix parfois. Nous avons le droit d'en manger tous les jours. Défaire le sapin aussi est une fête, car on retrouve toujours des bonbons bien cachés !

Il y a les cadeaux également… qui disparaissent après les fêtes, pour réapparaître au Noël suivant. Je me souviens avoir au moins trois Noëls de suite la même poupée qui marche. Je ne peux ni l'asseoir, ni la faire manger, ni la mouiller, ni la déshabiller. Je ne peux que la chouchouter et la regarder, cela devient vite lassant. Je ne peux pas non plus lui faire des misères sans risquer de la casser. Je préfère mon « bébé mouilleur ».

Ma poupée qui marche, en réalité, mon père me l'a achetée un été. Nous sommes en vacances, toute la famille au grand complet, dans un petit village, en pleine campagne. Je me fais piquer par une bestiole et ne dis rien aux parents. Ma main le lendemain me fait sérieusement souffrir. Elle double rapidement de volume. Comme mon père a tendance à nous « charcuter », je cache le bobo comme je peux, mais ma blessure s'aggrave. Un midi, je fais tomber mon verre d'eau sur la table car ma main gauche n'est pas très habile. Mon père repère ma main malade, pourtant bien cachée derrière mon dos. Heureusement, il comprend que le moindre contact m'est insupportable. Il faut trouver un docteur d'urgence. Nous marchons longtemps avant de trouver un cabinet médical. Il fait très chaud, et ma main me lance terriblement. Il s'avère que je fais une allergie. Un jour de plus, et je perdais ma main. Le docteur doit pratiquer une incision. Comme je suis sage, mon père promet une poupée. Il ne me dit pas quand il me l'offre que je l'aurai plusieurs Noëls de suite sans autres jouets !

Monique reçoit aussi sa poupée, sûrement pour éviter les jalousies. Une gigantesque poupée, très raide et moche, à la solidité garantie. L'avantage : elle reste à notre portée toute l'année et après bien des épreuves, des câlins et fessées en veux-tu en voilà, elle est comme neuve !

Devenue plus grande, je me débrouille pour faire des cadeaux à mes sœurs. Pour leur offrir des jouets qu'elles puissent avoir dans leur chambre même après les fêtes. Je garde la monnaie que mon père me donne pendant les commissions, lorsqu'il y a de l'argent. J'invente aussi des timbres antituberculeux, que j'achète plusieurs fois, ou plus exactement, que je vends de nombreuses fois à mon père, mais que je conserve toute l'année. Je les revends au moment propice, puis j'achète un jouet pour chacune de mes sœurs. J'attends Noël avec impatience ! Je suis aussi contente de recevoir des cadeaux que de voir leur joie.

*

Nos surnoms et le caractère de chaque sœur

Dans la famille, nous avons, de la plus petite au plus grand, un surnom. Mon père nous explique qu'à la cour d'Autriche-Hongrie, tous les « Grands » avaient un petit nom. C'est une coutume très ancienne. En la perpétuant, il a un peu le cœur dans son pays.

Le plus beau pour le doyen, un sobriquet de chef, qui va comme un gant à mon père : Kiki. Il le porte très bien. Ma mère est la seule à l'appeler ainsi. Les sœurs l'appellent Papa, et plus tard Le Vieux. Pour les amis, c'est Antoine ou Tonio.

Ma mère conserve son prénom, Marie-Louise. Elle reçoit aussi les doux noms dont mon père l'abreuve suivant ses humeurs et au gré de ses crises de nerfs toujours imprévisibles. La Cloche par exemple. Le terme vient d'un verbe latin, *cloppicare*, qui veut dire « boîter, clopiner, avancer en traînant la patte. » Une cloche, c'est donc à l'origine une personne qui boîte, qui marche « à cloche-pied » parce qu'elle est blessée par exemple. Avec le temps, le mot a désigné au sens figuré celui qui n'avance pas très droit dans sa vie, l'éclopé de la vie. Pour ma mère, le sens originel est approprié : quand il s'agit du ménage en tout cas, elle traîne bien la patte ! J'ai pitié de vos oreilles et je passe ses autres surnoms sous silence…

Moi, c'est Mimi pour toute la famille, sauf quand mon père me hurle dessus dans ses colères. Dans ces moments-là, je suis Marie-Louise, comme ma mère.

Puis vient Zizi. C'est Monique, qui n'appréciera plus une fois grande d'être appelée ainsi.

Poupée, c'est Hortense. Ce surnom est un mystère mais il a le mérite d'être flatteur, non ?

Nanane est encore plus terrible à assumer qu'Anne et les inévitables « hi han ».

Nénène est le diminutif de Madeleine. Avec un peu d'imagination…

Et La Petite, c'est Rosalie.

Les six filles, nous avons toutes un caractère différent.

Rosalie, avec ses manques, sait ce qu'elle veut et est très têtue. Elle a gardé des séquelles de sa chute chez la nourrice. Ses yeux sont immenses et d'un très joli bleu, mais parfois ils se cachent et on ne voit plus que son blanc d'œil. La pauvre ! Elle est toute pâle, elle a un menton un peu en galoche qui lui donne un visage tout mignon. Sa parole n'est pas facile à comprendre, son caractère est en dents de scie, elle est retardée mentale mais très intelligente et volontaire pour apprendre. Ma mère ne s'intéresse pas beaucoup à elle. Pourtant c'est la petite et la plus fragile. Elle se vexe si on se moque d'elle et fait des colères à cause de ses frustrations. Je mets du temps à comprendre ses réactions. Ma mère insiste trop pour essayer de la faire parler alors Rosalie pleure très souvent.

Madeleine est très personnelle et assez méchante. Une brune très jolie, la chouchoute à sa maman. C'est la seule pour qui ma mère s'est mise en travers de mon père pour la défendre des coups. Elle a été placée en nourrice comme Rosalie mais a eu plus de chance car elle a été très chouchoutée. Sa nourrice a eu du mal à s'en séparer. Elle a coupé ses belles anglaises, pour les garder. Maman en était malade. Elle n'a jamais refrisé, ses anglaises ont disparu, définitivement. Madeleine est vraiment mignonne, malgré sa ressemblance avec ma mère. Elle a toujours raison dans la maison et abuse souvent de son privilège, surtout avec Anne. Elle est capricieuse et se sert d'Anne, qui vient juste avant elle, pour se faire valoir auprès des copains et copines. Toute son enfance elle est choyée. Ma mère ne lui prend jamais sa part de nourriture comme elle prend la nôtre. C'est bien dommage que les autres enfants n'en aient pas des miettes. Au moins une que je n'ai pas besoin de défendre.

Anne est le souffre-douleur de sa mère et de Madeleine. Pleine de gaieté et très souple avec tout le monde, c'est une rousse grassouillette plus petite que nous autres. Ses cheveux sont moches mais elle rit toujours, heureusement ! Elle est très joyeuse, son rire particulier et communicatif résonne souvent. Avec Anne, j'ai du boulot de surveillance car elle est très faible de caractère. Elle se fait rouspéter à la place de Madeleine. Elle ne dit même pas que les bêtises, ce n'est pas elle qui les a faites mais Madeleine, la poupée de Maman. Je pense qu'Anne est résignée, elle sait qu'il est inutile de lutter. Ma mère lui donne toujours plus à faire que nous, elle lui vole de la nourriture dans son assiette… Je ne supporte pas qu'elle enlève le pain de la bouche de ses enfants.

Hortense est très coléreuse, écorchée vive. Elle a des cheveux blond foncé, longs et frisés. On dit qu'elle me ressemble physiquement, j'espère que c'est faux ! Hortense possède un intellect très moyen, elle est d'une sensibilité à fleur de peau et pique parfois de grosses crises de nerfs, que moi seule arrive à tempérer. Ma mère dit qu'elle a les nerfs fragiles. Elle n'a pourtant pas fait de chute comme Rosalie étant bébé. Quand il y a des crises à la maison, elle crie plus fort que notre père. Quelle ambiance ! Elle peut renverser une table. Sa colère s'anime avec la peur ou les disputes familiales. Elle n'aime pas les injustices mais elle est trop petite et trop limitée pour contrer cela.

Monique est personnelle, disons qu'elle se protège déjà

elle-même, et il y a du travail ! C'est une rousse vénitienne avec des cheveux lisses et voyants. Elle veut avant tout la tranquillité. Elle reste dans son coin, sage ! Elle obéit à son père à la lettre. Elle est docile et ne montre pas de sentiment de révolte. L'injustice subie par les autres n'a pas l'air de la toucher. Elle souffre de la mauvaise qualité de la nourriture, elle est très délicate. Elle est pressée de partir de ce foyer. C'est ma sœur la plus proche, ensemble nous faisons des rêves sur notre avenir. Comme elle entre rarement en conflit, elle n'a pas besoin de ma protection.

Et moi, l'aînée, j'ai des cheveux frisés que j'adore, merci Maman pour cela ! Je suis petite et joyeuse, je blague. Je me trouve gentille. J'essaie d'assurer la sécurité de mes sœurs, pas simple et épuisant. Je lutte pour ma vie et la leur tous les jours, sitôt rentrée à la maison. Je ne supporte pas les coups que mon père porte à mes sœurs et les prends régulièrement pour moi. Notre mère ne nous défend jamais contre ses colères terrifiantes. Elle n'ose pas me battre, je ne me laisse pas faire.

Nous vivons ensemble des moments pénibles, que chacune ressent différemment suivant sa sensibilité et sa place dans la famille. Ma sœur Monique préfère se faire toute petite, discrète. Moi, l'aînée, je réagis vite et me révolte au lieu de rester dans mon coin. Rapidement, je prends le rôle de la mère.

Toute mon enfance, j'attendrai une super maman qui m'adoptera pour que je puisse devenir une petite fille normale et donner le meilleur de moi-même. Mon plus grand rêve est d'avoir un protecteur. Je l'imagine sous toutes les formes. Un grand frère, des parents très riches, même une grand-mère superbement gentille et coquette… Toutes ces personnes ont le droit de vite venir me sauver de cette horrible vie ! Je passe ma jeunesse à espérer une adoption miraculeuse, pour moi et aussi pour mes sœurs.

*

Et deux de plus !

Un jour, nous discutons avec ma mère de sa jeunesse. Elle nous raconte des souvenirs, nous parle de sa vie dans les fermes.

Étant une fille simplette, elle ne résiste pas aux avances des garçons. Un fils de ferme l'a aimée, dit-elle, séduite en tout cas. Il a été son grand amour, je la crois sincère. Une petite fille naît de leur relation. Cela ne plaît pas aux fermiers qui éloignent ma mère de leur propriété. Elle fait donc d'autres fermes et a différentes amours. Une autre petite fille naît ! Comme elle n'est pas encore majeure, l'assistance, comme elle dit, place ses deux fillettes. Pour la première, Elisabeth (quel nom moderne !), cela est un vrai déchirement pour la mère comme pour la fillette. Pour l'autre bébé, tenu par ma mère, je pense, pour responsable du placement, elle n'est pas affectée. Elle ne sera jamais attachée à cette enfant, Jeannine.

Quand nous apprenons que nous avons deux autres sœurs, quel choc ! Nous avons deux sœurs aînées et je deviens une cadette, chouette ! D'autres rêves s'ouvrent à moi ! Avec mes petites sœurs, nous faisons des rêves éveillés sur leur venue dans notre foyer. Elles sont très fortes, elles imposent leur volonté et commandent mon père. Elles prennent ma place d'aînée et me soulagent. Je vois du repos pour moi, comme une délivrance. J'imagine parfois qu'elles vivent ensemble chez des parents très riches, qui vont nous adopter, toutes les six. Que de rêves nous faisons avec ces deux sœurs, qui, depuis que nous avons appris leur existence, ne quittent plus vraiment nos cœurs.

Ma mère ne sait rien de leur vie. Elle croit juste savoir qu'elles vivent séparées l'une de l'autre. Je n'arrive pas à me faire à l'idée que ma mère ignore tout de ces enfants. À sa place, je ne le supporterais pas et je serais incapable de faire d'autres enfants après. Quelle vie ont-elles, sans mère, ignorant tout l'une de l'autre ? Ma mère n'éprouve pas de haine envers ses parents et elle n'a pas eu peur de faire comme eux avec ses aînées.

Je ne la comprendrai jamais.

Les bêtises des filles

Un soir nos parents sont de sortie. Nous sommes enfermées dans notre chambre avec un pot pour nos besoins. Une paire de ciseaux me sert de clef. En liberté dans l'appartement, nous fouillons dans le grand placard. Je tiens un sac plastique à la main. À première vue, rien de bien intéressant. Des soutien-gorge de notre mère mêlés à des chiffons. Mais il y a aussi des morceaux de carton et des vieux papiers. Puis, incroyable ! Nous découvrons les économies de Maman !

Il y a beaucoup de billets et aussi des pièces. Un véritable trésor ! Nous dansons comme des folles. Nous remettons tout en ordre, en laissant les pièces, pour ne pas trop fâcher notre mère. La porte du placard est lourde. Il faut la faire coulisser pour la refermer. Subitement, elle tombe sur le pied de Monique, qui hurle de douleur. Je l'aide et nous laissons la porte dégondée, car elle est trop grosse pour nos petites forces.

Nous retournons dans notre chambre la peur au ventre. Au retour, les parents s'étonnent de voir la porte par terre. Ma mère ne nous demande pas d'explications, et ne réclamera jamais son argent...

L'argent, nous le mangeons en faisant un super repas froid, en cachette des parents. J'achète aussi une belle robe à ma poupée préférée. Monique garde ce souvenir plus longtemps que nous ! Son ongle du gros orteil devient tout noir, puis finit par tomber. Elle a vraiment très mal, mais n'en dit rien aux parents !

Le temps passant, nous sortons toujours plus souvent et plus loin de la Cité. Nous faisons des bêtises d'enfant, comme sonner aux portes, mais nous volons aussi dans les magasins, tentées que nous sommes par les choses auxquelles nous n'avons pas droit à la maison. Nous avons faim bien entendu, mais nous avons aussi besoin de confort et envie de superflu. Les vêtements neufs par exemple nous manquent cruellement. J'ai conscience que nous aurions pu très mal tourner. Peut-être notre chance a-t-elle d'avoir été des filles ? Et puis, aurait-ce été notre faute ? Après tout, soit nous sommes cloîtrées à la maison, soit nous sommes livrées à nous-mêmes et libres de faire tout et n'importe quoi !

Je me rappelle cet épisode... Une voiture est garée dans une petite rue tranquille, chose rare à notre époque. J'aperçois à l'intérieur un sac à main. Nous hissons Anne, la plus forte, dans la voiture, par la fenêtre restée entrouverte. Elle nous passe le sac, et aussi un objet qui me semble magnifique. C'est un cendrier de voiture. Nous croyons tenir entre nos mains un objet magique, mystérieux. Mais la propriétaire nous aperçoit et veut tenter de le récupérer. Elle nous fait tellement peur que nous filons et parvenons à nous échapper de justesse. Je décide d'effacer toute preuve de notre vol. L'objet si convoité termine ses jours au fond d'un égout. Le sac suit le même chemin, sauf l'argent et un joli porte-monnaie que je conserverai très longtemps.

Il y a dans un jardin un superbe abricotier avec de gros fruits dessus. Comme souvent, Anne se propose pour faire le plus dur de notre plan d'attaque. Nous l'aidons à grimper au grillage. Elle nous lance les fruits que nous ramassons. Tout à coup, nous entendons des bruits inquiétants et nous laissons Anne suspendue au grillage. Comme elle manque de souplesse, la pauvre a un mal de chien à se sortir de là. Finalement, elle nous rejoint, et mange de bon appétit les fruits avec nous. Elle ne nous fait aucun reproche, elle est très joyeuse et contente de sa journée. Elle a vraiment bon caractère !

Je m'occupe de Rosalie

Dans une famille ordinaire, pour ne pas dire normale, les parents protègent les enfants et s'inquiètent de leurs besoins. Les nôtres ne se préoccupent pas de nos problèmes. Notre père nous reprend sur l'hygiène et nous raconte de belles histoires, mais les choses importantes, je dois les prendre en charge.

Les besoins de ma petite sœur, par exemple, c'est moi qui en parle avec le docteur. Je sens ses besoins malgré mon âge, et même si je ne suis pas professionnelle. Rosalie a été hospitalisée immédiatement après l'accident chez la nounou. Elle avait trois ou quatre ans, c'était en 1961. À la suite de cet accident, nous nous rendons compte qu'elle n'arrive pas à tout faire comme nous. Elle se donne du mal pourtant.

Rosalie comprend parfaitement ce que nous lui disons mais elle n'arrive pas à parler. Il sort des sons de sa bouche que seule la famille sait interpréter. Avec les autres, c'est très dur car la moquerie lui bloque ses moyens.

Nous jouons avec des riens, comme tous les enfants. Moi je m'amuse à tirer la langue le plus loin possible, jusqu'à toucher mon nez. Mais ma petite sœur arrive à peine à sortir la langue de sa bouche. Heureusement que les enfants font des jeux intelligents sans consulter les parents. Les difficultés de ma petite sœur me sautent aux yeux. Tous les jours, nous jouons toutes ensemble. Nous nous connaissons très bien.

Moi : « Papa, tu sais Rosalie n'est pas comme nous, il lui faut une école spéciale. »

Mon père : « Ça, jamais ! C'est ma fille ! Je la garde avec nous. Nous sommes un foyer uni. »

Les autres, mon père n'y croit pas. Lui seul sait ce qu'il faut pour ses filles. Tu parles ! J'insiste et me fais copieusement corriger pour ce motif. Je sais qu'il y va de la vie de ma sœur, de son avenir. Mon père a une mentalité de macho, il pense que les hommes doivent dominer les femmes. Nous, ses filles, ne faisons pas exception. Nous lui appartenons et nous nous devons de rester obéissantes. Chez nous, les idées, c'est le père qui les a, pas les filles.

Moi : « Regarde, sa langue est plus accrochée que la nôtre ! Je me demande si cela ne l'empêche pas de parler. »

Mon père : « Je vais en parler au docteur quand il passera nous voir. »

Enfin ! Quelle bataille !

La petite finit par subir une légère intervention chirurgicale, mais elle ne parle toujours pas, elle a pris des habitudes. Elle ne se sert toujours pas bien de sa langue. J'ai l'impression que pour elle, sa langue est restée accrochée.

Je décide de lui apprendre à parler. Je m'y attelle le jeudi, lorsque nous n'avons pas la permission de sortir. Si je peux sortir et m'amuser avec les autres, je n'hésite pas une seconde. Il ne faut pas croire que je sois une sainte, je suis une petite fille qui désire vivre comme une enfant ordinaire.

Mes leçons suivent toujours le même modèle. Rosalie ne sait pas dire « oui ». Il me semble que si elle réussit à dire ce mot, le reste suivra.

Moi : « Bon, essaie de dire o-u-i. »

Rosalie : « Dicor. »

Ma sœur dit « dicor » pour « d'accord », il faut le comprendre. « Oui », pas moyen, elle ne dit que « ou », ou que « i ». Elle ne sait pas lier les sons vocaliques. J'ai plus de résultats avec des sons consonantiques : « pa-pa », « maman », « pou-pée ». Elle a vraiment beaucoup de courage avec moi qui ne suis guère patiente avec ses difficultés. Je ne suis qu'une enfant et ma mère ne s'est jamais préoccupée d'elle.

Je passe de nombreux jeudis avec ma sœur. C'est très dur pour nous deux. Je crie et je donne des claques. Je n'ai ni formation, ni maturité, je travaille avec elle à l'instinct, sans me poser de questions. J'ai conscience que parler est important pour son avenir. Je lui tiens des discours, pour qu'elle garde sa volonté de réussir.

Moi : « Écoute, tu fais des progrès, tu sais ! Un jour, tu parleras comme tout le monde. Ce sera dur et long. Mais surtout, même s'il y a des gens dehors, cause comme tu le peux, car c'est un bon exercice pour toi. J'y crois, moi ! »

Elle m'écoute, c'est une brave élève studieuse. Parfois elle se vexe à cause de l'attitude des autres et part dans des colères pas possibles. C'est la famille qui veut cela, ma parole !

Je me souviens du grand jour. J'appelle ma mère.
Moi : « Écoute ! Elle dit OUIIIIII ! Allez, redis-le ! »
Rosalie : « OUI, Mimi ! »
J'en pleure ! Elle redit sans hésitation « oui », un « oui » bien lié, comme nous. C'est formidable ! Nous pouvons être très fières toutes les deux ! Maman trouve que c'est bien, et elle mange un fruit. Elle ne montre pas un enthousiasme débordant. Mon père non plus, il trouvait sa fille très bien comme elle était.

Le travail que nous avons fait a occupé de nombreux jeudis. Nous avons répété des milliers de fois ce mot « oui », j'étais persuadée que quand elle le prononcerait correctement le reste viendrait facilement. Je ne sais pas si ma méthode était la bonne, mais les résultats sont là !

Depuis ce jour, la petite cause un peu et fait de petits progrès. Quand elle connaît un peu les gens, elle arrive à parler avec eux. Je sais qu'elle n'est pas folle, elle est gênée, se rend compte de ses difficultés. Ma sœur parle et se débrouille seule à l'extérieur, pour demander son chemin, acheter de petites choses ou simplement dire bonjour aux passants. Je suis heureuse pour elle. J'aimerais que Papa lui donne sa chance en la plaçant dans une école spéciale. Je suis certaine qu'elle arriverait à gommer ses difficultés avec des spécialistes, dans une ambiance favorable. Quand je lui en parle, je prends une bonne raclée. Tant pis… Je suis têtue, il n'est jamais trop tard pour bien faire, je sais qu'un jour elle ira dans une école bonne pour elle, et je l'y prépare.

Les étranges copains de mon père

Ce soir Le Vieux ne rentre pas seul à la maison. Un copain clochard, parlant au moins deux langues, l'accompagne. Il vient pour boire, je ne sais pas encore à quoi cela sert ! Mon père a cette habitude. Il voit un clochard dans la rue, il entame la conversation puis il l'invite à dormir sous notre toit suivant son humeur et, je crois, les discussions qu'ils ont ensemble. Les clochards mangent rarement avec nous. La salle de bain ne leur sert pas. Ils passent une nuit chez nous et nous ne les revoyons plus. S'ils parlent français, nous comprenons un peu leur vie, qu'ils nous racontent. Souvent leur famille leur a tourné le dos. Ils se sont retrouvés seuls et sont découragés. Les étrangers souffrent en plus le mal du pays.

Nous, les enfants, ne trouvons pas leur présence désagréable. Ils font partie de notre quotidien. Tant qu'ils restent corrects avec nous, ils ne nous dérangent pas, et en général, tout se passe très bien. Nous sommes curieuses, et nous aimons les histoires. Peut-être aussi que cela nous change de voir des gens plus pauvres que nous. Pour une fois ! Nous avons un foyer, jamais nous ne coucherons sous les ponts, dehors ! Maintenant nous avons même plusieurs chambres.

Au départ, les clochards dorment par terre, sur des feuilles de journal, entre les lits des filles comme dans notre mansarde à Paris. Une nuit, je sens une présence, c'est le clochard qui devient vicieux ! Je hurle, dommage pour toi vieux con ! Je dis à mon père :

« Maintenant, lorsque tu as des copains, tu les gardes dans ta chambre. »

Des clochards, mon père continue à en inviter souvent à la maison, mais ils ne dorment plus avec nous, les filles.

Parmi les gens de la rue, nous voyons de tout. Des gens de tous les pays. Par affinité, mon père accueille souvent des Slaves. Nous connaissons des chirurgiens qui n'ont plus le droit d'exercer à cause des avortements qu'ils ont pratiqués chez eux, des hommes détruits par des histoires d'héritage ou de famille. Des clochards gentils, d'autres, vicieux, et des crétins aussi viennent partager notre piteux logement. Souvent l'ambiance est bonne et nous nous amusons un petit moment avec les invités. Les histoires, lorsqu'ils les racontent dans notre langue, nous captivent. Mais sont-elles vraies ? Souvent il est question de la perte de richesse, de très bonnes situations, de femmes merveilleuses et aussi de très beaux enfants. Tout cela en un instant a disparu, pour diverses raisons, familiales, politiques, ou à la suite de scandales dont je ne comprends pas toujours le fin mot.

Je me souviens d'un docteur qui nous a raconté son histoire. Cet homme a un air triste et doux. Il a pratiqué des avortements interdits dans son pays. Il n'a plus le droit d'exercer son métier. De plus, sa femme l'a quitté et ses enfants sont restés avec elle dans son pays lointain. Il n'a plus rien, et n'a plus le courage de se battre. Quel dommage. Cet homme n'est pas mauvais, cela se voit.

Un couple occupe la chambre débarras, celle des invités. Ce sont des Hongrois, pauvres et isolés. Ils restent chez nous deux ou trois mois. Je vois bien que notre façon de vivre n'est pas la leur. Entre nos disputes, le vin, la saleté… Ce couple est très uni, calme, et très gentil. Il se dégage en sa présence un sentiment de paix et de bonheur. La dame m'apprend à tricoter. Au début comme pour tout le monde, il y a des mailles en plus et des trous non voulus, puis je finis par me débrouiller.

Je revois aussi un clochard au visage très rouge, il nous fait rire quand il jongle avec des bouchons de plastique. Il les met en équilibre sur ses pouces, et les fait disparaître de notre vue. Il aime rire avec nous. On sent qu'il aime les enfants.

Une fois, nous avons la curiosité de fouiller dans les poches du veston d'un clochard. Après des sueurs froides et de la trouille, nous faisons une bien belle trouvaille : un énorme oignon dans sa peau ! Pour une fois qu'un oignon nous fait rire au lieu de pleurer, ce n'est pas si mal !

Au contact de ces gens, nous développons notre imaginaire. Nous recevons des clochards qui aiment les enfants et ils nous font rêver. Il y a bien des clochards vicieux et désagréables mais avec le temps nous apprenons à nous protéger et nous partageons nos craintes entre nous. Comme nous restons ensemble, les bonhommes n'osent pas nous toucher.

Histoires de bêtes

Aujourd'hui, c'est un chien que mon père a ramassé dans la rue. Un gros bas-rouge. Il a bon cœur pour les bêtes, comme pour les clochards. Il invite des chiens errants à la maison. Dans les rues, on voit souvent les clochards accompagnés d'animaux, je n'ai pourtant pas le souvenir d'un vagabond venu à la maison avec un chien...

Ce bas-rouge n'aime que mon père ! En l'absence des parents, je vais fouiller dans leur chambre, faire la chasse au trésor. Le chien me laisse entrer, mais impossible de sortir. Il me coince dans un coin de la chambre en me montrant ses crocs énormes. Je suis certaine que si j'essaie de sortir, il va me dévorer. Je me sens à sa merci. Vraiment, ce chien est dangereux. Il me fait peur, pourtant j'adore les bêtes. Il bouge beaucoup, et passe son temps à grogner après nous. Je préviens mes sœurs et leur crie de ne pas me rejoindre, elles seraient prisonnières à leur tour. Heureusement, mon père ne tarde pas à rentrer. Le chien content court à sa rencontre et j'en profite pour m'échapper. Je l'appelle « le gendarme de mon père ». Déjà que Papa nous rouspète, maintenant il y a son cerbère qui nous menace de ses grandes dents. Mon père l'emmène souvent dans ses sorties. Le chien se sauve régulièrement, au grand dam des voisins. Il fait des dégâts et terrorise les enfants de la Cité. Un jour, il passe sous une moto. Ouf ! Mon père est très triste, nous, nous ne versons pas une larme.

Quel zoo dans notre appartement !
Un jour, nous adoptons Filère, un vieux bâtard noir et blanc très gentil. C'est un voisin qui nous le donne. Il adore mon père, et nous aussi, tant mieux ! Il aime la musique de Papa, il chante avec lui à sa façon. Il fait partie intégrante de la maison. Nous l'habillons comme une poupée. Nous lui faisons de gros câlins et lui nous fait de grosses lichettes ! Bien entendu, c'est le chien le plus intelligent de la Terre. Papa le dit, alors ! Mon père décide d'aller lui chercher un petit copain, un petit chiot. Nous sommes toutes ravies, un petit à gâter, chouette ! Le soir, Papa revient non pas avec le chiot mais avec sa mère, Coquette, une vieille grosse chienne qui a le ventre par terre. Elle a encore du lait ! Ses maîtres ont trouvé une bonne poire, ils voulaient s'en débarrasser. Nous voilà donc avec deux chiens. Il y a aussi le chaton, qui se prend à téter la chienne. Les pauvres, nous les déguisons souvent, jamais ils ne montrent les dents. De braves bêtes

avec qui nous nous amusons, sans jamais leur faire de mal. La chatte n'aime que Madeleine, qui lui fait pourtant des misères. Nous, elle nous « piffe » et nous griffe. Elle apprécie les carambars et le pain d'épices. Nous supposons que c'est à cause du lait de chienne qu'elle a bu. Il y a aussi les deux tortues. Nous mettons du vernis à ongles sur les carrés de leur maison. Nous avons également deux tourterelles avec une aile coupée pour éviter l'envol.

Un homme mauvais

Un invité de mon père dont je ne pourrai jamais oublier le nom, Chandor. Mon père a une amie dont le mari a été détenu en camp de concentration. Il était prisonnier dans le même camp que mon père, il me semble. Il n'en est jamais revenu. Cette femme, nous allons assez souvent lui rendre visite. Elle habite Paris avec ses deux enfants, une fille et un garçon, et confectionne de beaux vêtements à domicile. Mon père peu à peu sympathise avec le fils, alors âgé d'une trentaine d'années. Chandor est un gars assez costaud que nous trouvons très gentil. Il vient nous voir sur sa moto noire.

Le temps passant, ses visites se font plus régulières. Il parle hongrois avec Le Vieux et ils rient beaucoup ensemble. Les poches de sa veste sont toujours pleines de piécettes. Elles tintent et nous appellent. Bien sûr, nous nous servons. Au début discrètement, puis avec de plus en plus de hardiesse. Il ne nous dit jamais rien. Nous finissons par tout prendre, ses poches sont vides quand il s'en va. Puis viennent les petits flacons de parfum, dont les filles raffolent. Maintenant, quand il vient, il reste dormir chez nous.

Une nuit, il est dans une chambre des filles. Nous avons souvent des « invités surprises » qui occupent notre chambre.

Une de mes sœurs me raconte :

« Mimi, tu sais, Chandor m'a dit qu'il sait qu'on lui prend ses pièces. On ne peut pas lui rendre son argent, mais n'aie pas peur, j'ai la solution. Il veut bien que ça reste un secret entre nous si on a un autre secret avec lui. Il m'a demandé de venir lui tenir chaud dans son lit la nuit… »

Elle continue :

« Après, il a été câlin, gentil, et il a voulu que je le chouchoute plus. Il m'a montré son sexe – ma sœur n'a pas trouvé cela très beau mais elle n'a pas eu peur – et il a voulu que je lui fasse des bises dessus et il m'a expliqué comment m'y prendre. Il est très content. Moi je n'aime pas, car à un moment ça coule et il faut un mouchoir. »

Depuis Chandor fait ses cochonneries avec cinq filles à des degrés différents puis il nous donne beaucoup de pièces, du parfum et des bonbons. Avec moi aussi il essaye, il veut juste entre les deux cuisses. Avec l'une de mes sœurs, il veut par derrière. Il n'a pas osé le faire ? Nous ne comprenons pas grand-chose à ses envies. Il demande aussi pour Rosalie, mais je refuse. Depuis, il n'est plus généreux et moi je comprends que tout cela n'est pas normal.

Je lui signale que le manège ne peut plus durer, que je suis capable de le dire à mon père. Je ne suis pas si sûre de moi, mais je sais maintenant que l'important est que cela cesse.

Je ne crois pas en avoir parlé avec quiconque. Avec mes sœurs, nous évitons le sujet. Nous ressentons toutes la culpabilité d'avoir fait des choses sales. Même si elles ne disent rien, je sais que mes sœurs ressentent la même chose que moi.

Nous souhaitons oublier cet homme au plus vite, l'éloigner de nous. Mais il revient. Il revient nous tenter puis il repart sans nous donner de piécettes, pour nous punir. Ensuite, il se fait plus rare. Il a compris que nous avons grandi dans nos têtes et qu'il peut être risqué pour lui d'insister. Il va sûrement faire ses affaires autre part. Mon père, qui n'est au courant de rien, va régulièrement lui rendre visite à Paris. Ouf ! Nous ne nous en portons que mieux !

Cet événement est une sonnette d'alarme. Surtout se conserver propre, au moins à nos yeux. Moi, ce sera désormais mon but. Je ne possède pas grand-chose, mais ce que j'ai, je vais le garder, pour pouvoir me construire un avenir et une vie meilleure avec ma future famille. Surtout ne pas avoir d'enfants dans de mauvaises conditions. Je n'ai pas d'idées rétrogrades sur la femme, je me sens moderne, mais je n'ai pas le droit de faire n'importe quoi. Je ne peux pas me permettre de faire la folle. Je ne peux pas être désinvolte. Je ne veux pas gâcher ma vie.

Déjà que mon enfance est loin d'être idéale. À moi de construire mon avenir.

Mon père et sa bonne

Quand Papa reçoit à la maison, Maman fait la bonne. Il l'insulte devant ses copains du jour. Il débouche les bouteilles avec le bas de sa robe. Elle est souvent éclaboussée de vin. Elle n'a pas le droit à la parole. De toute manière, souvent, mon père et ses copains échangent en langue étrangère. Elle est rabaissée. J'ai mal pour elle. Mon père ne la respecte pas. Cela lui cause du chagrin, je le vois sur son visage, elle est triste. Il arrive que des invités interviennent pour le calmer. Alors là, attention, après leur départ, il fait encore la comédie. Maman a joué la martyre, devant les gens, pour faire l'importante ! Mon père s'est trouvé ridiculisé dans sa propre maison – propre si l'on veut. Encore une bonne excuse pour se mettre en colère… Cela doit le défouler, ma parole.

Le rôle de ma mère consiste à faire la bonne sans rien dire, en devinant ce que son mari veut à l'instant précis où il le désire. Il change d'idées comme de chemises, cela devient un vrai sport pour ma mère : savoir sur quel pied danser. Dans ces moments, nous les enfants, sommes des modèles de sagesse et de discrétion. Malgré nos efforts, la guerre nous est aussi souvent déclarée. Les copains partis, Le Vieux ne reste pas seul, il garde ses verres de vin dans le crâne. La colère l'habite. Elle se met contre nous, les enfants faibles et sans défense. Les coups pleuvent, c'est pire qu'une tempête !

Les lendemains de cuite, tout est oublié. Bien sûr une autre colère peut se déclencher pour un autre motif…

J'ai remarqué que dès que ma mère se concentre sur une tâche ménagère que mon père lui a demandé d'exécuter, très souvent il lui demande de faire autre chose. Par exemple, si elle épluche des pommes de terre, mon père exige qu'elle repasse, et tout de suite. Ma mère doit tout laisser en plan. S'installer dans sa nouvelle tâche. Les choses ne vont pas assez vite pour mon père, qui pique instantanément une crise de fou ! Il doit aimer cela car il cherche souvent à mettre notre mère en difficulté. Il sait qu'elle est lente. De plus, elle soupire souvent et cela lui porte sur les nerfs. Pour le ménage, ma mère va recevoir plus de coups de balai par son mari qu'elle n'en donnera dans sa maison.

*

Chère Malika

J'ai une très bonne amie, Malika. Nous sommes très proches, jamais nous ne nous disputons, nous nous comprenons malgré nos différences. Ses parents sont Harkis, je ne sais pas ce que ce mot veut dire. Jamais avec elle je ne me sens pauvre. Elle me respecte comme n'importe quelle autre fille. Il m'arrive de goûter en sa compagnie dehors, sans avoir honte de mon pauvre casse-croûte. Discrètement, parfois, elle me propose de manger un peu de gâteau dans sa cuisine, ou un carré de chocolat. Jamais elle ne fait un geste pour me rabaisser. Cette fille est très calme et réservée. Son visage a une jolie couleur café au lait, uniforme et douce. Ses cheveux sont longs et très frisés comme les miens. Nous nous plaignons l'une à l'autre. Nous parlons aussi garçons. Elle n'a pas le droit de faire l'évaporée, moi je n'ai pas intérêt. Nous nous ressemblons, avec nos pères sévères et rétrogrades. Son père n'a pas l'air plus jeune que le mien.

Elle disparaît subitement un jour, dans un accident. Je ne revois plus mon amie. Malika s'est noyée en vacances par hydrocution. J'ai un immense chagrin. Ses parents se déchirent à cause du cimetière. Son père ne peut se rendre sur sa tombe, sa religion ne le permet pas. Moi je n'y connais rien, mais je vois leur peine à tous les deux. Maintenant on dirait un clochard et je ne comprends plus très bien ce qu'il dit.

Comme je pleure souvent, la mère de Malika et mes parents décident de me faire cadeau du chiot de mon amie. Il est plein de poils beiges, je le nomme Pompon. Je l'aime déjà énormément. C'est mon chien à moi ! Nous nous entendons bien. Le soir après l'école, il m'attend au bout de la rue. Il sait l'heure de mon retour. Mon père offre un jour mon cher chien à une copine riche. Je crois deviner qu'il est jaloux de notre entente. Là-bas, ils lui donnent du haché, alors que nous n'en mangeons que très rarement à la maison ! Mon chien refuse toute nourriture, se laisse mourir de chagrin. Ils sont obligés de me le rendre. La joie est grande ! Mon chien restera avec moi. Nous nous amusons sitôt que je n'ai pas école. Le cache-cache marche bien, la course dans la Cité aussi. Le manège a moins de succès. Quand je sors avec lui, les gens me demandent sa race, car il est vraiment très beau. Mais je ne la connais pas et cela m'est égal. Mais mes parents le laissent trop longtemps dehors, livré à lui-même et un jour, il se fait renverser. Je n'ai profité de lui que deux ans, J'ai un gros chagrin pendant une bonne semaine. Mon père voudrait m'en retrouver un autre, je refuse. Mon chien est irremplaçable dans mon cœur !

Nos affreux voisins

Dans la Cité, nous avons des voisins qui adorent nous terroriser. Ce sont les Laurent, parents, fils et fille. Cette famille fait la loi dans la Cité. La mère est assez discrète, mais toujours en accord avec les siens. Le père se retrouve souvent en prison. Il y a régulièrement une livraison de meubles, puis un camion vient récupérer toute la marchandise, puis le père disparaît pendant un certain temps. Les fils ont une drôle de tête, avec de gros nez épatés. Ils s'amusent à nous faire peur dans les escaliers.

Aujourd'hui, Agnès me fait des histoires. Cela va chauffer pour moi. En effet, voilà sa sorcière de mère qui me court après. Qu'a donc raconté sa fille ? On dirait vraiment une furie.

Je ne sais pas ce qui me prend, je lui crie :

« Vieille sorcière ! »

Cela me fait du bien. De toute façon, ce soir, pas de paix avec les « cow-boys » de la Cité. Après une folle course, je suis à la maison. J'ai reçu au passage un crachat du grand Christian, qui en reçoit un petit de ma part, avec ma fierté en sus ! Il est enragé, ce gars qui a le visage comme passé dans un four ! Le crachat d'une petite fille, et pouilleuse avec ça ! Je suis assez contente de moi. Il ne faut pas ? Tant pis, je m'en fiche !

La fille, Agnès, est aussi bizarre que ses parents. Elle vole chez nous tous nos stylos, histoire que mon père se mette en colère et nous tape ! Elle me l'a avoué un jour en riant, pas devant mes parents bien sûr. D'une manière ou d'une autre, elle se débrouille pour qu'on se fasse taper, elle sait parfaitement qu'il ne faut pas grand-chose pour que mon père s'en prenne à nous. Aussi, elle a une drôle de manie quand elle vient à la maison. Elle regarde les passants par la fenêtre, avec l'une de nous, et elle se bricole discrètement, et à un moment elle tremble, et c'est fini. Je pense qu'elle est détraquée.

Il y a aussi la voisine du dessous, Madame Margoton. Elle passe son temps en cure de désintoxication. Entre deux cures, elle insulte tout le monde, fait le foin dans sa maison, mais elle est rarement violente envers nous. J'évite de la croiser dans les escaliers, car je ne suis pas trop rassurée. Une fois, elle a lancé un couteau sur un monsieur qui ne disait rien pourtant, il ne faisait que passer.

La télévision et les goûts de luxe de mon père

Un grand jour : la télévision est installée chez nous. Quel événement à l'époque ! Darty n'est pas encore dans tous les foyers et encore moins la télévision. Tout à coup, nous avons plein de copains et copines ! Tous les enfants de notre bâtiment viennent chez nous regarder la télévision, puis presque tous les enfants de la Cité ! C'est agréable. Nous ne sommes plus fous, on ne nous regarde plus d'un mauvais œil. En plus, notre appartement est propre en ce temps-là, un miracle !

Nous louons la télévision à l'année. C'est un poste à pièces. Tous les mois, un Monsieur vient vider la tirelire qu'il y a derrière. Quand il aura récolté assez de pièces, dans plusieurs années, la télévision nous appartiendra. Les premiers temps, tout se passe bien, il y a de l'argent qui tombe dans la tirelire. Puis un ami de mon père place un fil de fer dans la tirelire pour récupérer la pièce d'un franc. Depuis, mon père réutilise la même pièce. Il se fait disputer par le Monsieur. On finit par donner assez d'argent, et le poste est à nous.

Vite, il est bientôt quatre heures, le programme pour les enfants va commencer. Je me souviens de *Zorro*, la chanson nous donne la chair de poule, et de *La Piste aux étoiles* avec ses acrobates, ses clowns, ses prestidigitateurs – impressionnant ! Il y a aussi *Bonne nuit les petits*, vers dix-neuf heures je crois. Mon père se met dans la tête de nous coucher après cette émission, quelle horreur !

Ce que j'aime bien regarder aussi : *La séquence du spectateur,* une émission sur l'actualité du cinéma avec des bandes-annonces qui mettent l'eau à la bouche ; *Au nom de la loi*, une série avec Steve McQueen qui joue un chasseur de primes dans le Far West ; *Les Mystères de l'Ouest*, une série d'espionnage et d'aventures qui se déroule elle aussi dans l'Ouest américain ; *Des agents très spéciaux*, encore une série américaine avec des espions ! Je regarde aussi la série française *Thierry la Fronde*, qui se déroule pendant la guerre de Cent Ans.

Je ne devrais pas regarder les émissions qui passent en soirée, mais j'ai trouvé l'astuce : je propose de faire des crêpes (enfin, quand il y a les ingrédients pour la pâte !). Comme ma mère ne sait pas les faire, je regarde la série en même temps. Parfois, quand il n'est pas ivre mort dans sa chambre, mon père me rouspète car je ne suis pas couchée. Il trouve que les crêpes reviennent souvent. Il y a aussi le rectangle blanc, pour les films interdits aux enfants. Le rectangle blanc signifie que notre soirée sera courte. Nous le cachons avec un morceau de papier ou du scotch. Rusées, les filles ! S'il est ivre et qu'il part se coucher après le repas du soir, il ne se rend compte de rien, c'est toujours une bonne soirée de gagnée pour nous !

Nous avons aussi la T.S.F. Ce poste a comme un gros œil vert qui s'allume lorsqu'on le met en route. Nous écoutons l'émission de Zappy Max, *Ça va bouillir*, un grand feuilleton radio qui nous fait palpiter. Mais quand mon père cherche ses radios étrangères pour avoir des nouvelles de son pays, le bruit devient insupportable à cause des grésillements. Souvent il cherche ses ondes alors que le suspens de notre film est à son apogée. Le fait-il exprès ? Je crois que sa nature le porte à nous embêter. Il est tout simplement maître chez lui, et fait tout suivant ses désirs.

Mon père a rapporté de sa Hongrie natale le goût de la musique. Dans la maison, nous avons des choses incongrues comme des disques de musique classique par centaines. Dans notre misère de tous les jours, sans pain le plus souvent, jamais mon père ne va les vendre. Les prêter oui ! Ou bien il les donne à des amis quand ils nous « dépannent ».

Mon père a des goûts de luxe, de mon point de vue. Nous avons un superbe réfrigérateur de marque Frigidaire. Il fait très bien le froid, mais il est souvent vide. Un luxe inutile ! Nous possédons aussi une machine à laver Vedette que ma mère refuse d'user. Lorsqu'elle la met en route, elle reste devant des fois qu'elle ferait des bêtises ! Au moment de l'essorage, elle monte dessus, afin d'éviter que la machine ne fasse le tour de l'appartement dans un énorme boucan ! Il faut dire qu'en ce temps-là les machines ont des envies de liberté !

Un achat que mon père fait un jour, un énorme jouet pour parents : une voiture ! Incroyable je trouve ! C'est une quatre chevaux. Le pare-brise à l'arrière est petit. La première fois que je monte dedans, je me sens à l'étroit. Comment Maman peut-elle s'installer à son aise là-dedans ? Je sais qu'elle a en tout cas une trouille folle avec mon père au volant. Il n'a pas sorti son permis de conduire depuis vingt ans ! Nous trouvons qu'ils ressemblent à deux clowns dans leur engin !
Voilà mon père sillonnant les grandes routes goudronnées... Je suis avec lui dans la voiture, qui fait un caprice. Au beau milieu de la route, juste devant un camion, elle se met à caler et refuse de redémarrer. Le camion derrière nous se rapproche dangereusement. Ouf ! La titine repart, nous avons eu chaud. Il faut dire que la circulation est très fluide à cette époque.
Ma mère n'a pas la même chance que moi. Elle a droit à un superbe tonneau. Elle a un mal fou à s'extraire de la voiture et s'en sort avec des contusions. Mon père arrête alors net ses exploits de pilote et revend l'épave.

Des parures, et un beau fuseau tout neuf !

Papa a aussi des bijoux, une montre en or, des bagues dont une sertie de diamants, eh oui ! Les filles ont chacune une paire de boucles d'oreilles, ma mère en a plusieurs.

Un matin, plus de boucles pour mes oreilles, je n'ose pas lui avouer que je les ai perdues. Il ne semble pas le remarquer, il ne me dit rien, bizarre… Un jour je vais avec lui dans Paris. Nous allons « chez ma tante », au Mont-de-Piété. Mon père y dépose régulièrement des bijoux contre le prêt d'une somme d'argent. Puis lorsqu'il est de nouveau fortuné, il revient chercher ses biens.

Nous avons aussi un violon, un Stradivarius paraît-il. Il le met aussi au clou parfois, puis un jour, je n'en entends plus du tout parler, mystère ! Ma montre Lip disparaît aussi, un jour sans explications, ni cris !

La bague de mon père, ce n'est pas celle de Jules en toc, comme dans la chanson de Patachou. C'est une énorme chevalière en or avec plein de pierres précieuses qui dessinent des étoiles. Dessus, il y a des diamants, des rubis et des saphirs ! Pour faire son « ménage », mon père attend d'être bien installé dans le bus. Il l'astique en faisant de grands gestes, car il adore se faire remarquer et plus encore quand il porte sa bague – ses ors, comme il dit. Puis il admire son travail, en bousculant un peu la voisine si besoin. Je préfère les périodes sans bijoux, car j'ai honte du regard des gens. Il faut dire que mon père n'a pas souvent la tenue assortie à ses parures. Elles sont comme un cheveu sur la soupe !

Nous avons aussi toutes une pièce en or hongroise avec le profil de François-Joseph, montée en pendentif. Elles font leur poids ! Il va sans dire que nous possédons aussi les chaînes en or qui vont avec. Tous ces bijoux finiront au Mont-de-Piété.

La « pension des Allemands », nous en profitons bien ! Mon père nous gâte toutes. Nous avons même droit à des vêtements neufs ! Mon père nous emmène dans une belle boutique. Il choisit pour nous, et la même tenue pour toutes, mais comme nous nous trouvons jolies ! Quel plaisir d'être habillées seulement de neuf !

Une belle journée se présente encore à moi aujourd'hui et j'ai l'intention d'en profiter pleinement. Mon Vieux doit m'emmener faire les magasins. Il me faut mon premier soutien-gorge, cela devient vital ! D'accord il serait préférable d'y aller avec ma mère, mais tout de même, la vie est belle ! Au rayon lingerie, la vendeuse fait une drôle de tête quand elle voit ce père, qui a l'âge d'un grand-père, choisir un sous-vêtement pour sa fille, mais enfin ! Mon père n'est pas très à l'aise non plus ! Ensuite, j'ai le droit de choisir un pull et un pantalon. Je me rue sur un fuseau et je choisis aussi de jolies bottines noires. Me voici habillée tout de neuf, le rêve ! Flambant neuve comme on dit.

Ma joie est encore plus grande lorsque je vois la tête de mes voisines, qui trouvent la pouilleuse « trop belle ». Et bien sûr aussi le regard des garçons me rend toute joyeuse. Quelle journée ! Ce fuseau je vais l'user jusqu'à la trame. À la fin il sera tout lustré et trop juste pour moi.

Ce souvenir me reste très présent, car des vêtements neufs, nous n'en avons pas souvent. La transformation de mon corps est une occasion, certainement aussi cette période de richesse. Je n'ai pas le souvenir du même évènement pour mes sœurs.

Drôles de vacances

Un côté positif de la fin de l'année scolaire : nous quittons nos lourds godillots ! Ils sont remplacés par de légères et superbes sandalettes en plastique transparent (comme les lunettes de Rosalie !). Au début, les boucles blessent les pieds et laissent des taches de rouille sur la peau. À force d'usage, elles se fendent et nous les coupons, nos sandalettes se transforment en claquettes. Le soir, nos pieds sont inévitablement noirs de crasse et de transpiration et nos sandalettes deviennent jaunes avec le temps. Pas simple de paraître soignées ! Après plusieurs années de chaussures transparentes, il y a de la couleur, pour le même prix. Un grand progrès, et chaque sœur a droit à sa couleur. La couleur ne jaunit plus, les sandales vieillissent mieux.

Pendant les grandes vacances, les étés étouffants à Drancy, nous rêvons de grandes plages, souvenirs arrangés de Hendaye... Nous avons par deux fois la chance, avec Monique, de bénéficier de séjours vacances organisés et payés par la Ville de Drancy, en camp de jeunes. À l'occasion de ces voyages, nous découvrons l'avion. Une année, nous allons aux Baléares et une autre fois, en Corse. Que de bon temps passé dans ces coins superbes avec des copains et copines qui n'ont la tête qu'à la fête et aux vacances ! Pour nous, un bout de paradis dans un temps trop court, quel dommage !

Il y a aussi les vacances dans une petite maison en ruine, à la campagne, achetée avec l'« argent des Allemands », à La Neuville Houssay, un gros village d'une centaine d'âmes.
Les gens ne nous aiment pas beaucoup là-bas, nous, ceux de la ville. Comme en plus ma mère ne nous donne pas beaucoup à manger, nous chapardons tout ce qui se mange,

nous sommes pires que des moineaux pour les voisins ! Tous les fruits qui se trouvent sur notre passage finissent dans notre gosier, même les minuscules pommes du Monument aux morts font notre goûter !

Et puis à la campagne il y a tellement de bêtises à faire ! La voisine a des lapins. Nous les gavons de carottes chipées à un autre voisin. Ni vu ni connu, nous remettons les feuilles en terre, mais le lendemain, elles font triste mine ! Pire, plusieurs lapins meurent d'avoir mangé trop de carottes... Que de disputes essuyons-nous ! Nous nous vengeons en dévorant les magnifiques poires qui appartiennent au maire du village. En guise de remerciement, nous déposons devant sa porte des boîtes de camembert remplies de nos crottes. Nous ne saurons jamais comment il a réagi, mais nous rions bien de notre exploit !

Je me souviens d'une vieille voisine. Elle fait pipi debout dans un petit chemin. Je crois qu'elle fait dans sa culotte, mais ma mère m'apprend qu'il existe des slips fendus.

À ma mère aussi, nous en faisons voir. Au début des vacances, mon père a fait le plein de victuailles. Un jour, nous volons du chocolat dans la réserve de notre mère, une tablette chacune. Au lieu de les cacher, nous lui montrons les tablettes. Elle se met alors à nous courir après, jusque sur la colline, en soufflant comme un bœuf !
Nous rions bien en la regardant car elle glisse chaque fois qu'elle essaye de monter la pente. L'heure du passage du troupeau arrive, et ma mère se retrouve nez à nez avec une vache. Quelle peur elle a ! Une des filles fait pipi dans sa culotte. Que de rires !

Souvent, mon père vient nous rejoindre à vélomoteur.

Nous avons envie d'en faire avec mes sœurs, une idée qui nous prend. Nous attendons que mon père plonge dans sa sieste, et nous voilà dans la grange. Pas si simple de déplacer l'engin sans faire de bruit...

Enfin, nous voici dans la ruelle, un peu en retrait de la maison. Monique est juchée sur le vélomoteur et tente de démarrer. D'un seul coup, sans prévenir, la bête s'emballe et voilà ma sœur propulsée, elle se retrouve dans la position du poirier sur le guidon, et fonce droit dans les ronces. Quelle catastrophe ! Le guidon et une roue sont tout tordus. Nous remettons sans bruit le vélomoteur à sa place. Nous ne sommes pas fières de la suite.

À son réveil mon père voit les dégâts et nous pose des questions. Je le persuade que nous sommes innocentes. Je lui dis que ce doit être sa faute, car lui seul utilise la mobylette, nous, nous ne savons pas mettre son engin en marche ! J'ajoute qu'il doit avoir un peu trop bu et, miracle, il n'insiste pas. Nous échappons à une bonne correction !

Papa ne passe pas toutes les vacances avec nous, parce qu'il travaille et parce qu'il aime rester traîner en ville, seul ou avec ses copains. Mon père profite largement de sa vie loin de nous pendant l'été. Il a de nombreuses aventures plus ou moins durables. Ma mère en a également, mais c'est différent, les hommes ont le droit !

Un soir, Papa arrive. Il doit rester deux jours. En arrivant, il m'offre du chocolat à partager entre nous toutes. Je refuse, et lui donne le détail des repas que nous faisons :
– Une petite boîte de pâté pour nous six
– Un morceau de Vache Qui Rit (une demi-part chacune)
– Une cuillère de confiture tous fruits

– Une demi-tranche de gros pain souvent moisi

Le boulanger passe trop tôt le matin pour Maman. Elle prend donc du pain pour plusieurs jours et peut rester dormir plus longtemps. La mie du pain devient vite humide, puis un peu bleue et collante.

Je dis donc à mon père que nous avons faim, et que nous aimerions mieux manger des pâtes que du chocolat. Ma mère reçoit une bonne raclée pendant que les nouilles cuisent. Mon père nous prépare des saucisses de Strasbourg coupées en tranches, avec de la sauce tomate. Nous en avons chacune une bonne plâtrée et ma mère reprend une trempe car nous montrons beaucoup d'appétit.

Je n'aime pas que Papa tape sur elle, mais là vraiment, depuis le début des vacances, alors que les courses ont été faites, nos repas sont plus que légers, nous sommes constamment affamées. J'explique tout cela à mon père. Il est vraiment très en colère après sa femme. De plus notre mère nous fait manger sur des morceaux de carton pour ne pas avoir à faire la vaisselle ! Quelles jolies vacances, vraiment. Après la visite de mon père, nous mangerons correctement.

Ma mère fait des économies, comme d'habitude. Elle compte partir avec un autre homme, et faire une nouvelle vie. Plusieurs fois, elle s'en est allée, puis elle est revenue au foyer quand elle avait dilapidé sa « fortune ».

Ma mère a un petit ami au village, Marcel. Il est brave avec nous. Ma mère couche avec lui. Lorsqu'il est saoul, il chante à tue-tête *Je t'attendrai jusqu'à minuit...* Il faut croire que ma mère les choisit tous sur le même modèle ! Enfin, il est amusant et nous mangeons bien chez lui. Il a une grosse chienne berger allemand, Laurette, qui reste toujours attachée. Il la dit très méchante. Un jour, je lui donne des frites, et depuis nous sommes les meilleures amies du monde.

Je la détache et nous courons dans les champs de blé coupé. La chienne saute par-dessus les obstacles. Une fois, je fais la morte. Elle tente de me transporter en me traînant, mais avec son museau elle me chatouille, alors je me mets à rire, elle comprend que je me suis moquée d'elle et me mordille partout ! Nous sommes complices et je crois qu'elle rit autant que moi.

Je me souviens de notre nuit passée chez Marcel. Nous couchons tous dans la même pièce. Ma mère et Marcel pensent que nous dormons. Ils discutent et ils font l'amour, à côté de nous. Monique et moi, nous entendons ma mère dire que ses filles ne sont pas toutes du même père. Il y en a trois de Papa, je fais partie du lot. Marcel demande à ma mère s'il a le droit de faire l'amour avec Rosalie, la plus petite. Même derrière, il aimerait bien, mais ma mère a trop peur de mon père. Une chose pareille, il la tuerait ! Donc, c'est non.

Ce jour-là, je comprends que si mon père n'était pas là, la vie serait encore bien pire pour nous. Ma mère nous vendrait contre un quignon de pain. Tout de même, quelle vie !

Malgré tout j'aime bien Marcel, et nous l'invitons même à passer une semaine à Drancy. Ici, il a l'air d'un paysan ! En l'accompagnant à Paris, je remarque ses manches de chemise qui dépassent de sa veste, elles sont sales et élimées. Et qu'il est gauche !

Marcel me donne sa chienne. Laurette dort avec Monique et moi. Souvent ma sœur tombe du lit la nuit car la bête prend toute la place. Monique est très en colère le matin, surtout qu'elle met systématiquement le pied dans la pisse de la chienne, qui ne sait pas se retenir assez longtemps. Avant c'était moi qui mouillais son lit… Pauvre Monique, elle qui est propre depuis l'âge de deux ans ! Laurette mange trop peu chez nous, même si je lui donne de ma part, et de celle de ma mère en cachette (elle est bien assez grosse !). Est-ce pour cette raison, ou parce qu'elle mangeait trop de sucre avant, qu'elle devient aveugle ? Lorsque nous quitterons la Cité Danton, mon père la mettra à la S.P.A. J'aurai tellement de peine, d'autant plus qu'ils la piqueront à cause de son âge.

*

La maison du fou

Un jour, nous apprenons que mon père a fait don à Paulette, devant notaire, de notre maison de campagne. Paulette est une dame dont il est amoureux. Je le revois en train de menacer ma mère avec un revolver, dans leur chambre, à son sujet. D'où vient l'arme ? Ce sont sûrement des affaires de grandes personnes. Il veut que ma mère fasse venir Paulette pour la tuer ensuite.

Ma sœur et moi nous échappons en courant de la maison pour aller la prévenir. Nous lui racontons l'affaire. Paulette n'a pas l'air d'avoir peur. Bien sûr, elle ne vit pas chez nous. Elle nous offre un whisky, nous avons à peine quinze ans ! Je trouve cela infect, trop fort, j'ajoute de l'eau mais n'arrive toujours pas à le boire. Elle ne connaît rien aux enfants et ne sait pas les réconforter. Nous aimons mieux les gâteaux.

L'idée de tuer Paulette, mon père la garde longtemps en tête. Il explique à qui veut l'entendre qu'il va la retenir prisonnière dans une maison isolée. Là, il ne lui donnera pas à boire et elle ne mangera que des filets d'anchois salés pour qu'elle meure lentement et dans d'affreuses souffrances. En attendant, elle profite de notre maison, et nous, nous n'avons pas la paix. Bien entendu, il attend notre film du soir pour faire son cirque et délirer à ce sujet !

Un degré supérieur de folie est franchi ce soir. Mon père crie après des bêtes invisibles. Ma mère nous explique que c'est à cause de l'alcool qu'il boit tous les jours, qu'il fait maintenant des cauchemars éveillés. J'espère que n'allons pas le voir dans cet état trop souvent. Cette perspective de frayeurs nouvelles… merci bien. Heureusement, mon père s'épuise rapidement, il dort et ronfle comme un sonneur.

Ma mère subit ses crises, de plus en plus fréquentes, jusqu'à ce qu'il s'endorme. Elle lui sert volontiers à boire du vin car à partir d'une certaine dose, il dort, et le silence se fait enfin. Elle nous raconte qu'un jour elle se vengera. Elle nous explique qu'un jour il sera malade et à sa merci, que la vengeance est un plat qui se mange froid. Je lui conseille d'agir pour elle et le plus tôt serait le mieux, mais son courage n'est pas au rendez-vous. Elle n'est pas heureuse, mais ne peut pas s'en aller. Il faudrait travailler et en plus elle nous aurait sur le dos. Il lui faudrait s'occuper du linge, des repas, du ménage, elle n'en a pas le courage. Elle préfère subir les colères de mon père plutôt que lutter. Je ne comprends pas son inertie.

Un soir, je décide de vider toutes les bouteilles de vin dans l'évier. Pourquoi ce jour-là ? Je ne sais plus. Je ne le fais pas derrière le dos de mon père, je fais du bruit pour la dernière bouteille. Mon père devient fou de rage. J'ai vraiment très peur. Il blêmit, son regard est fixe, vide. Il se met à me frapper avec une force inouïe. Il tremble en même temps de tout son corps. Je me promets de ne plus m'occuper de ses litrons. Qu'il s'étouffe avec.

Cette scène me reste en mémoire. Elle se déroule lors de nos premières années à Drancy. Un jour, ma mère se rebiffe.

Elle a « un coup de sang », comme disent les anciens.

Mon père donne une bonne fessée à Madeleine, je ne sais plus pourquoi. Ma mère surgit alors dans la pièce, et sans un cri, rien, elle donne une énorme claque dans la figure de mon père. Il se retrouve par terre. Il a perdu connaissance, il est évanoui !

Nous nous approchons. En cercle autour de lui, nous sommes en admiration devant le travail de ma mère. Il faut nous imaginer, toutes les filles agenouillées autour du père inerte. Cette scène nous paraît incroyable ! Même en rêve nous n'y aurions pas songé.

« Maman, tu crois qu'il est mort, car il ne bouge toujours pas ? »

Il demeure inerte un long moment. Nous nous mettons à imaginer notre vie future sans lui. Nous nous faisons des réflexions. Mon père n'est pas un surhomme.

Moi : « Tu vois, il n'est pas si terrible que cela, il est fichu avec une simple claque ! *(que je n'aurais pas aimé prendre !)* Tu peux lui tenir tête, maintenant il va avoir peur de toi, chacun son tour ! »

J'ai en partie raison. Mon père reste calme un temps, mais peu à peu il reprend l'ascendant sur sa femme. Au moins, il ne lèvera plus jamais la main sur Madeleine.

*

Ma petite Anne

Ma mère est partie s'isoler.
Un temps, puis Madeleine alerte :
« Anne a renversé le pot de chambre ! »
Maman arrive, Anne récolte une bonne fessée, comme d'habitude. Les bêtises et accidents de toutes sortes, c'est

Anne qui en est responsable. Même quand Madeleine est prise la main dans le sac, la correction est toujours pour Anne. J'ai aussi remarqué que Madeleine aime voir sa sœur se faire taper.

Un jour, j'ai une idée. J'ai envie de « chouchouter » ma poupée, et je vois ma sœur en larmes.
Moi : « Écoute, pendant une semaine ce sera toi notre « chouchoute » à nous, les deux grandes. »
Anne éclate de rire avec nous, et profite un peu de ce répit.

Les grandes peurs

Ce soir, mon père a tapé sur les deux aînées, nous ne savons pas pourquoi. J'ai cru qu'il allait nous tuer toutes les deux. Pourquoi cette rage ? La peur est là. Nous nous sauvons dans la rue, et ne voulons plus rentrer.
Où aller ? Nous n'avons pas de famille à part nos parents. Des adresses, nous n'en connaissons pas. Il y a bien les églises. Nous ne sommes pas croyantes, mais nous en cherchons une. En route, nous nous consolons mutuellement. Nous commençons à nous calmer, à pouvoir raisonner. Notre père est sûrement en train de dormir maintenant, rentrons. Ma mère nous attend, elle ouvre la porte sans un mot.
Le lendemain matin, mon père ne se souvient de rien.

Une grande cause de colère : mon pipi au lit, qui revient, hélas, souvent. L'odeur m'est insupportable ainsi que le froid qui règne dans mon lit. Mais la peur de déclencher une guerre, une catastrophe est trop forte pour que j'arrive à me lever à temps. Parfois, rien ne se passe, pas un cri pour le lit souillé, mais d'autres fois, c'est une plongée dans la folie qui dure toute la matinée.

Je me souviens comme si c'était hier, de la raclée mémorable que mon père m'a administrée, devant ma mère, immobile. Je dois à cette époque avoir seize ans, j'ai fait pipi au lit. Mon père me roue de coups. Je suis par terre, les coups de pieds, de ceintures et les coups de poing n'arrêtent pas de pleuvoir. Mon père me traite de tous les noms.

Sous la douleur, je m'évanouis, et en revenant à moi, je n'ai plus la notion du temps. J'entends ma mère dire que je semble évanouie, qu'il devrait arrêter. Elle n'a pas bougé de sa place.

Il me reste des traces sur le visage. Je suis bleue et gonflée. Sur le corps j'ai des plaies et des hématomes. J'ai des douleurs dans tout le corps et aussi beaucoup de chagrin. Je n'arrive pas à maîtriser les sanglots que j'ai dans la gorge. Je me sens misérable et meurtrie de toute part. Je ne vois pas vers qui me tourner, quel miracle espérer.

Je n'ai pas compris la réaction de colère de mon père, je vis dans la terreur d'autres crises inattendues.

Rien d'exceptionnel, les petites restent rarement tranquilles à la maison. Quand mon père est absent, ce n'est pas un problème. Mais lui ne supporte pas le bruit des enfants, alors les colères éclatent et durent un bon moment. Aujourd'hui, Papa crie et tape sur Hortense avec un ceinturon, il est ivre. Les coups lui font très mal.

Je n'en peux plus de cette violence. Je ne trouve pas cela normal. J'ai un déclic, je me révolte en demandant l'aide de toutes mes sœurs. Il faut que cette situation cesse sinon nous allons y laisser la raison. Je me dis que si nous nous y mettons à six contre lui, il ne gagnera pas. Nous sommes une force, un groupe solide, une défense efficace contre les coups de folie de notre père. Je me sens forte désormais, et je décide que je rendrai les coups que mon père nous portera. J'y suis obligée pour nous protéger. Cela n'est pas un choix mais une obligation dans ma vie d'enfant.

Il ne m'est pas facile de m'en prendre à mon père. Il est surpris, et se calme aussitôt. C'est une victoire pour nous, si l'on peut dire, mais une victoire qui a un goût amer d'injustice, car je sais que rien n'est normal dans cette maison.

Nous avons un moment de répit, car mon père est ressorti pour boire un coup ailleurs. En attendant, nous allons manger des pommes de terre à l'eau, cuites pour deux jours par Maman.

Moi : « Pourquoi faire pour deux jours ? »

Maman : « Pour ne pas avoir à recommencer demain. »

Moi : « Tu ne t'embêtes pas, à ne rien faire toute la journée ? »

Maman : « Non, j'aime rester assise et regarder à la fenêtre les passants. »

Moi : « Tu pourrais nous défendre contre Papa ? »

Maman : « J'ai peur de lui. Si vous faites comme il vous le demande, il sera toujours content. »

Moi : « Même toi, tu arrives à l'énerver, alors ? »

Maman : « Il faut ne pas se faire remarquer. Je reste dans un coin pour éviter les coups. »

Ma mère est une mère indigne. C'est dur à écrire mais c'est la vérité. Jamais je n'ai pu la toucher, l'émouvoir. Il lui manque une case, celle des sentiments en tous cas. Elle n'a aucune réaction lorsque mon père nous tape, elle boude, elle attend, impassible, que cela passe. Nous avons besoin de son aide et elle ne vient pas. Quand je lui dis ce que je pense, on croirait un canard sur lequel glisse l'eau de pluie. Elle ne proteste pas, mais ne désire rien changer. Quand je lui demande pourquoi Anne est son souffre-douleur, elle se contente de me dire que son amant de l'époque n'était pas son préféré ! Comment peut-elle-même savoir qu'Anne n'est pas de notre père ? Je lui reproche aussi de ne pas prendre ses aînées avec elle. Elle dit que Papa ne veut pas, mais c'est faux. Mon père sait partager. Il prend bien des clochards à la maison. Mais ma mère doit faire les démarches. Il faudrait discuter avec son mari, trop épuisant pour elle. Elle me dit : « Tu sais, je ferai des recherches, un jour, pour retrouver Elisabeth. Mais pas Jeannine, car son père, je n'en étais pas amoureuse. »

Ma hantise me tient. Je refuse de ressembler à ma mère, sur tous les plans. Son nom, je le refuse de toute mon âme. Sa façon de faire, ou plutôt de ne rien faire avec nous, pour nous, je la renie. Jamais je ne me comporterai comme elle dans la vie. Il me semble que son image morale me dégoûte et que je mets tout en œuvre pour devenir son exact contraire. Dans son rapport avec les enfants, il m'est impossible de me voir en elle. Je suis obligée de m'inventer un idéal. Une mère modèle qui me fasse envie en tant qu'enfant.

Après ma révolte, la réaction de mon père ne se fait pas attendre. Il profite d'un matin où toutes mes sœurs sont déjà parties pour l'école. Ma mère est présente dans la maison. Il me tape de toutes ses forces, me traîne dans la chambre, pour éloigner mes cris de dehors. Là, il me dit que je vais mourir, pour avoir levé la main sur lui. Je lui réponds que lui le fait aussi. Les coups redoublent. Il délire et me dit des choses ahurissantes, qui n'ont pas de sens. Je comprends la gravité de l'état mental de mon père.

Je suis la fille d'un fou, quelle horreur !

Je dois perdre conscience, je suis ligotée quand je me réveille. Je peux à peine respirer, j'ai un torchon enfoncé dans la bouche, les bras attachés dans le dos et fixés avec du sparadrap (je sens l'odeur), je suis complètement immobilisée. Mon père me menace avec un énorme couteau de cuisine et me donne l'ordre de ne pas faire de bruit. J'entends mes sœurs rentrer de l'école pour le repas du midi. Monique demande où je suis. Je me contorsionne, j'essaie de crier, j'étouffe. Avec mon pied, je réussis à faire du bruit. Je sais que lorsque mes sœurs seront reparties, il va recommencer de plus belle. De plus, il se sentira plus fort et encore plus sûr de lui et de son bon droit. Une fille doit respecter son père et ne doit pas lui répondre ou lui tenir tête.

Enfin, les autres m'ont entendue, elles me détachent. Je suis dans un état second, j'ai comme l'impression de sortir de l'enfer. Mon père fuit, il ne me fait pas face. Il a tort car moi je suis décidée, je ne prendrai plus de coups sans réagir. Maintenant mon père prendra autant de coups qu'il nous en donnera. Il en va de notre survie. Il ne faut pas croire que je lève la main sur mon père par vice ou avec joie. J'en ressens une grande honte.

Après chaque crise de mon père, après avoir reçu des coups, je cache les traces. C'est pour moi vital, c'est une idée fixe. Même si la Cité sait tout, à cause des cris, jamais je ne dirai aux gens que c'est mon père qui m'a fait cela. Il me faut dire des mensonges, inventer des camouflages, trouver des idées d'accident. Il est aussi nécessaire de faire attention à mes mouvements, car il y a des douleurs qui s'installent pour un moment.

Les crises terminées, il me faut aussi essayer d'évacuer de mon esprit les bruits de tempête. Les cris et les insultes résonnent en écho dans ma tête. Il me faut lutter pour ne pas être submergée. Le calme est long à revenir en moi. Si je m'écoute trop, je reste avec mes sanglots très longtemps. La peur aussi s'est installée et elle n'a pas envie de me laisser en paix. Je me sens peu sûre de moi. Je dois lutter pour donner l'image d'une personne normale, pour conserver mon identité au regard des autres.

Petit à petit, le calme revient. Jusqu'à la crise suivante.

Une soirée de fous débute. Pour quelle raison, je ne sais plus vraiment. Je crois que mon père a été contrarié par l'attitude d'un garçon. Il est de nouveau en furie à cause de ses deux aînées. Nous sommes rouées de coups. Les petites partent se cacher dans leur chambre. Ma mère se réfugie dans la cuisine. Monique et moi parvenons enfin à gagner notre chambre.

Nous nous efforçons de bloquer la porte avec notre armoire. Nous nous sentons un peu à l'abri. Mon père s'est mis en tête de nous noyer ! Au début, nous rions tout bas. Il nous lance de l'eau sous notre porte. Son délire n'en finit pas. Impossible de dormir, il hurle et raconte des histoires sans queue ni tête sur les enfants obéissants. Il crache sur notre porte, et donne des coups de pieds rageurs. Le vacarme réveille les voisins.

Au petit matin, le monstre dort, et nous, nous débutons notre journée, en bien petite forme. Nous quittons la maison, sans trop savoir ce qui nous attend au retour. Nous espérons qu'il aura tout oublié.

Une autre séance d'horreur. Quand, cela ? Je ne sais plus, ni le pourquoi, ni le début. Mais depuis ce moment, une terrible peur m'accompagne. Je suis rouée de coups. Mon père m'ordonne de me mettre à genoux, avec un linge mouillé sur la tête pour me mettre dans le noir complet. Un truc appris en camp de concentration. Mon crâne fait un bruit de fond. J'entends les cris de mon père comme s'ils venaient de loin.

Mais les coups, je les reçois en direct, ils m'atteignent à des endroits très précis du corps. Je n'arrive pas à me protéger, j'ai mal partout. Si seulement je pouvais m'évanouir pour ne rien sentir, être en paix un petit moment. Mon père se déchaîne. Pourquoi dois-je vivre cela ?

Dans la pièce, il y a nous deux, avec la fureur, la folie et la douleur ! Au secours !

La peur est là, je ne comprends pas ce déluge. Les insultes me tombent dessus, mais je n'ai pas la force de les écouter, de les comprendre.

Une pensée : « Tu te fatigues pour rien, Papa ! »

Après cette journée, le soir, ma honte et mes douleurs m'empêchent de dormir en paix.

Dehors, le lendemain, je croise les gens. J'ai l'impression qu'ils savent tout, et qu'ils me condamnent. J'ai sûrement des torts, mais lesquels ?

Après les coups, je me trouve sale. Ma peine est immense, je me sens très rabaissée, presque inutile. J'ai comme l'impression de mériter ce qui m'arrive.

Hortense a mis à son tour mon père dans tous ses états. Je ne sais pas pourquoi. Très menaçant, il poursuit sa fille dans toute la maison. J'interviens pile au moment où le fer à repasser, qui ne repassera plus, vole dans la cuisine. Je ne peux pas le laisser faire. Si ma sœur n'avait pas bougé, elle aurait été gravement blessée. Mon père sort de la maison en me traitant de tous les noms.

Les petites ont pris l'habitude de m'appeler au secours lorsque mon père les tape. Plus précisément, elles hurlent « Mimiiii ! » à plein poumon. Cela me fait toujours très peur et j'accours pour les aider. Je déteste mon prénom qui est celui de ma mère, mais j'adore Mimi. Je trouve très gentil de la part de mes sœurs de m'avoir baptisée ainsi. Mais les filles crient trop souvent ce nom pour m'appeler au secours.

Quand j'entends cet appel, c'est comme un cri de guerre. Il faut que je parte à l'attaque. Je me sens comme un automate, je fais les choses comme dans un mauvais rêve. Il faut éviter le pire, faire dans l'urgence de la situation. Seules, mes sœurs n'osent pas se défendre. Je pense qu'un jour il va y avoir une morte, je vis dans cette crainte continuellement. J'ai toujours peur de ne pas pouvoir faire face. Je suis seule à lutter pour notre survie et c'est vraiment très lourd à porter pour moi. Le plus angoissant, c'est de savoir que la situation va se reproduire.

Pourquoi vivons-nous comme cela dans la terreur du lendemain qui ne chante pas ?

Le collège, les copines

Au collège, les élèves ignorent tout de ma vie. Le collège est situé à Pantin, il faut prendre le bus pour venir à la Cité Danton. Personne ne vient jamais ici.

J'ai deux grandes copines alors. Ma meilleure amie demeure à Drancy. Elle s'appelle Nicole. Elle est timide et rougit pour un rien. Physiquement, elle n'est pas jolie, elle est pâle et un peu trop forte. Elle a une allure vieillotte. Elle devient vite la bête noire de la classe. Une autre fille, dont j'ai oublié le prénom, a la même triste allure. Elle est mielleuse avec les professeurs. Elle n'est pas populaire non plus. Je n'aime pas les victimes. Je la prends en amitié.

Elles sont très gentilles toutes les deux. À la récréation,

Nicole nous chante *Céline* d'une voix un peu chevrotante, avec beaucoup d'application. Elle y met tellement de sérieux, on dirait qu'elle se prépare pour un enregistrement ! Son frère est tombé amoureux de moi un temps, ce n'était pas réciproque. Je vais souvent goûter chez Nicole. Elle reste longtemps ma confidente.

Un jour, j'arrive chez elle, j'ai visiblement mal camouflé mes marques sur le visage. Sa mère désire dès lors mettre une distance entre sa fille et moi. Finis les bons quatre-heures. La mère de Nicole est une brave femme, mais nous ne vivons pas dans le même monde. Elle ne voit pas le principal. Elle ne se rend pas compte que, grâce à moi, sa fille a trouvé une solide amitié et a pu se faire intégrer au collège.

Une copine de collège me donne un beau manteau un jour. Un superbe manteau marron chiné, la veste idéale pour ma taille, un trois-quarts bien chaud et confortable. Je suis amoureuse de ce manteau ! Bien sûr, elle l'a porté tout l'hiver et me le donne à la rentrée suivante. Par temps chaud il a perdu de sa magie, et puis toute l'école sait d'où il vient... Je ne fais pas la difficile et je le porte, mais je ne l'apprécie qu'en dehors du collège. J'ai bien chaud dans ce manteau, il est fait pour moi !

Un correspondant anglais

La seule qui ait fréquenté le lycée, c'est Monique, pendant deux années. Ma sœur n'a pas la vie facile à cette époque. Mon père supervise tous ses devoirs. Il complique ses cours, car il a l'esprit un peu tordu. Notre sœur se retrouve en plus dans une classe où il n'y a que des garçons, dur dur pour elle.

Elle apprend l'anglais. Notre père veut l'aider, mais il ne

sait pas adapter ses connaissances à son niveau débutant. Cela le met dans de sévères colères et les gifles pleuvent. Si Monique a une mauvaise note à un devoir fait par lui, c'est la faute du prof, un bon à rien ! Jaloux de nous !

Nous allons recevoir un correspondant à la maison. Monique craint le pire… Dans la chambre, pour cacher la moisissure du mur, nous tendons un vieux drap grisâtre. La décoration laisse à désirer, la nourriture aussi.

Mon père se révèle sous son plus mauvais jour, on dirait un fou. L'Anglais prend peur et demande à changer de famille au milieu du séjour.

Je ne sais pas si cet épisode en est la cause, mais la décoration est revue à la maison. En premier, mon père peint les chaises. La peinture colle au pinceau. Il y en a partout sur le sol. Il ne manque pas de crier sur notre mère pour des riens. Puis il s'en prend aux murs de la salle à manger. Il est d'une humeur massacrante pendant toute la durée des travaux. Nous faisons de notre mieux pour nous rendre invisibles. Une fois les surfaces sèches, il dessine une grande étoile de David dorée à l'aide de notre matériel de géométrie. Les angles de l'étoile sont parfaits. Le résultat est curieux, il faut aimer.

Nous avons maintenant faim et peur dans du mauve et sous une bonne étoile, cela change tout !

Puis mon père redevient plus souple… Il fonde des espoirs sur Monique pour les études et aussi pour la musique. Ma sœur a le devoir de faire chanter le violon. Mon père a une oreille musicale très fine, attention aux fausses notes et aux claques qui tombent !

*

Mon père veut toujours imposer sa loi

Un projet tient à cœur à mon père : il aimerait nous faire vivre dans son pays. Nous ignorons la langue et là-bas nous serions à sa merci, à ses ordres. Jolie perspective ! Pendant les crises, régulièrement, la menace nous apparaît. Jamais elle ne sera jamais exécutée, ouf ! La Hongrie, oui, mais dans de bonnes conditions, sinon, restons chez nous.

Comme mon père connaît presque tous les commerçants et les bouchers – pas bête Le Vieux ! – souvent nous achetons de bons morceaux à bon prix. Mais surtout, il y a de la viande gratuite. Je comprends un jour pourquoi.

Il invite un « jeune » boucher, déjà âgé pour moi, dans un café. Là, nous dégustons un viandox brûlant et très noir. L'ambiance est bonne. Les hommes plaisantent et rient en hongrois. Je ne comprends rien, comme toujours. Puis la discussion se fait en français. Mon père me vante son compagnon, il m'explique qu'il est très gentil. Il me parle de mariage !

Je me mets en colère devant tout le monde. Je suis ferme et décidée, je refuse un mari choisi par mon père. J'ai une copine d'origine arabe qui n'a pas eu ce choix, trop peu pour moi ! Je crois en avoir presque terminé avec mon pain noir, vivement le blanc !

L'autorité de mon père en prend un sacré coup. Il a honte aujourd'hui, ce n'est pas mon cas. Je vois qu'il a compris qu'il ne gagnera pas, et que je prendrai mes décisions. Il sait qu'il n'a plus la mainmise sur toute sa petite famille. De ce jour, il ne gardera pas un bon souvenir. Le gars a disparu, je ne le vois plus ni à la maison, ni aux Halles. Mon père a compris que je suis têtue et prête à tout pour faire le mariage que je veux. Ce qui est triste, c'est que nous ne verrons plus d'escalopes de veau géantes dans nos assiettes !

Dès lors, mon père cesse de vouloir nous marier à son idée. Encore heureux qu'il n'ait pas tenté ou arrangé des mariages lorsque nous étions plus jeunes ! Il me présentait parfois des hommes qui me paraissaient centenaires. Il le faisait sur le ton de la plaisanterie, mais allez savoir ce qu'il avait dans la tête ! Il garde tout de même une idée précise du mari qu'il nous faut : il veut que nous épousions des hommes plus âgés, qui nous « vissent », surtout moi, l'aînée, la révoltée du groupe.

Pour nos études nous n'avons pas le choix. Mon père veut que nous devenions médecins ou couturières, un super métier de femme. Les études de médecin coûtent trop cher, et je sais que nous manquons de tranquillité à la maison pour ce genre d'études. Nous en avons fait l'expérience avec nos devoirs d'école, ils n'ont pas toujours pu être bien travaillés... Je serai donc couturière. Je ne prendrai pas de plaisir en pratiquant ce métier, mais il faut bien vivre.

Je fais mon apprentissage à Pantin. Je suis une bonne élève, même si je manque de patience avec les petits points. Je veux m'en sortir et avoir un métier pour éviter l'usine, mon père ne me brossant que des horreurs des conditions de l'ouvrier. Je suis décidée à réussir pour éviter de prolonger ma vie avec mes parents. J'ai envie de connaître un milieu normal, ordinaire. Dommage que je ne sache pas encore les différents métiers qui sont à ma portée. Je ne l'apprendrai que bien plus tard, après avoir élevé mes enfants.

Chez les voisins du dessous, il y a un garçon qui se prénomme Daniel. Il est en admiration devant mes « œuvres » de couture, pas toujours impeccables pourtant. Sa chambre est juste en-dessous de la mienne. Sitôt qu'il entend marcher au-dessus de lui, il passe la chanson de Johnny, *Je t'aime*. Je mets un certain temps avant de prendre conscience qu'il est amoureux de moi. Il est transi d'amour ! Ce manège durera plusieurs années. Il finira même par m'attendre dans la cage d'escalier pour me voir passer quand je partirai travailler le matin. Vraiment ce garçon est très gentil, mais je ne suis pas amoureuse de lui, en tout cas pas encore, et je ne le serai pas au bon moment. Je laisserai passer mon tour. Je n'ai pas de regrets.

*

Mon opération du nez

J'ai un problème de santé. Avec mes migraines très sévères et des problèmes répétés de sinusite, je consulte un spécialiste. Après plusieurs examens, il est décidé d'une intervention chirurgicale à l'hôpital Saint-Antoine à Paris. Je me rends seule à la première visite avec le chirurgien.

Mon cas doit être intéressant car il y a des étudiants autour de moi, à la visite suivante. Personne n'a jamais vu une chose pareille. Pourvu que l'on ne me lance pas de cacahuètes ! Je ne possède qu'une fosse nasale. Soit je suis née comme cela soit j'ai eu, dans ma petite enfance, un accident qui a causé la déviation de la cloison. Je ne vais pas leur raconter toute ma vie.

Le chirurgien va donc me refaire un nez. Je n'ai rien contre le mien. J'ai un nez à la retroussette, cela me donne un air drôle, qui me va bien, je crois. Ce n'est pas une opération esthétique, mais mon nez va changer un peu.

Je me souviens du jour de mon hospitalisation. Il y a une grève des transports évidemment ce jour. Avec ma sœur, Monique, nous faisons du stop. Mes parents ne m'accompagnent pas. Je me débrouille. Au travail, les filles m'ont chahutée sur mon courage. Je m'installe dans le petit dortoir. Ma voisine de chambre a son bras rattaché à son nez par la peau. Elle subit une greffe pour modifier la forme de son nez. Elle m'explique qu'elle subit des interventions depuis plus d'un an et que ses greffes ne prennent pas bien. Une fois, elle a tiré son bras en dormant et la greffe a cédé. Cela ne me rassure pas du tout. Que faire ? À qui demander conseil ? J'hésite, mais je n'ose pas partir, les filles vont croire que je me dégonfle. Pourtant si elles voyaient l'état où se trouve cette jeune fille, elles partiraient aussi, j'en suis persuadée. Je décide de rester.

L'opération se déroule bien, mais mon nouveau nez me donne un air très sérieux maintenant. Il n'a pas vraiment changé, mais il est plus dur. Et puis avant je faisais le clown en mettant une petite cuillère en équilibre dessus sans lever la tête, maintenant j'y arrive moins bien. Au moins, on ne me dit plus que j'ai trouvé mon nez dans un paquet de lessive Bonux !

Après mon réveil, j'entends mon père parler avec le personnel. Je ne désire pas discuter avec lui et me rendors aussitôt. Ce sera sa seule visite. Pour mon jour de sortie, c'est aussi ma sœur qui m'accompagne dans les transports en commun. J'ai fière allure : un pansement sur le nez et je boite car on m'a greffé un morceau de cartilage de la hanche. J'étais plus en forme à mon arrivée !

À quand la tranquillité ?

En rentrant du travail, un soir, j'aperçois ma sœur Hortense par terre. Mon père la roue de coups. J'accours et le menace, car dehors il y a du monde et ma sœur a les jupes relevées. Il arrête aussitôt, mais profite d'un moment où je lui tourne le dos pour tenter de me sauter dessus. Je l'ai senti arriver et me suis retournée à temps. De face, mon père n'ose plus m'attaquer, heureusement. J'ai le sens du ridicule, je ne désire pas me donner en spectacle alors je ne riposte pas ! Mes sœurs sont maintenant des jeunes filles ! Hortense avait une serviette hygiénique en équilibre précaire sous sa jupe ! Ce n'est vraiment pas une situation enviable pour aucune de nous. Il y en a assez de cette vie de fou.

Lorsque je suis en confiance avec une amie, je lui explique un peu ma situation avec mon père. Le plus souvent je ne suis pas du tout approuvée pour les coups. Je suis comme d'une autre planète !

Nous sommes invitées, ma sœur et moi, à l'anniversaire d'une copine. Je me suis fait une jolie robe vichy, pour l'occasion. Il faut bien que je me serve de mon savoir tout neuf. Habituellement, je fais aussi les blouses et les tenues de mes sœurs. Ce n'est pas toujours une complète réussite. Je fais avec ma petite expérience et avec les moyens du bord.

Pour la soirée nous avons négocié ferme avec mon père. Nous devons rentrer pour minuit au plus tard. Nous lui expliquons que la fête ne sera qu'à peine commencée, il ne veut rien entendre.

Nous rentrons pile à l'heure à la maison. Mon père ne nous laisse pas le temps de pénétrer dans la cage d'escalier. Il est saoul et fait tourner un aimant en forme de fer à cheval au-dessus de sa tête. Il frappe avec l'aimant sur le crâne de Monique qui se met à pisser du sang. Il y en a plein l'imperméable que je lui ai prêté. Elle porte les mains à son visage, le sang coagule et fait de grands fils. Les voisins appellent du secours. Quand cela va-t-il cesser ? Nous avons bien obéi ! Mais mon père est fou de jalousie ce soir. La police arrive. Un policier le menace devant moi de le mettre en prison s'il blesse de nouveau l'une de ses filles. Puis, je suis prise à part : le policier m'avoue qu'il n'a pas le droit de menacer les gens.

Depuis ce jour, les coups se font plus rares. Mon père a peur, chacun son tour. La vie devient plus sereine.

Je fais de temps en temps des achats de nourriture, pour toute la famille parfois ou bien seulement pour nous deux, les grandes. Nous mangeons sur le chemin du retour.

Je verse une petite pension à mes parents. L'ordinaire est un peu mieux. Je m'ouvre un livret de caisse d'épargne, mais comme je ne suis pas majeure, mon père a la procuration et il vide mon pauvre compte. Alors j'abandonne l'épargne, je préfère m'acheter des vêtements, plutôt que de lui servir à boire avec mes économies.

Mon père est plein de ressources. Un jour de paye, il vient me prendre mon argent au travail. De plus, il se fait remarquer et me remplit de honte. Je donne aussitôt ma démission. Je ne veux pas être encore traitée de folle, je voudrais être comme tout le monde. Le soir, je menace mon père de faire le trottoir s'il revient sur le lieu de mon travail. Il ne le refera jamais.

Nous déménageons peu après dans un appartement plus spacieux, à Noisy-le-Grand. Après ma démission, je retrouve rapidement du travail le soir dans la couture. Ce n'est pas très rassurant de rentrer en bus presque seule, mais enfin.

V

La vie, enfin

Nouveau départ

Arrive le moment pour moi de quitter la maison. Pas pour fuir, non, mais pour faire ma vie.

Pour mon début de vie, ma naissance en quelque sorte, je vis un amour pur. Bien sûr je suis étonnée. Comment puis-je représenter un parti intéressant ? Je dois éviter de me rabaisser ! Une union solide m'est plus que vitale, et le pain noir, j'en ai eu plus que mon compte !

Au début de ma vie de femme, mon père me harcèle en me téléphonant à des heures tardives. Il est menaçant. Je refuse d'entrer dans son jeu. Je suis ferme et menace de venir lui expliquer, accompagnée de mon époux, que je désire la paix. Il abandonne et finit par nous laisser tranquilles pour de bon. Mon père se fait vieux désormais, il a perdu son autorité.

Peu de temps après mon mariage, Anne vient me rendre visite. Anne a quitté la maison, en même temps que nous, les grandes. Elle est dans un foyer de jeunes filles. Elle n'a pas terminé ses années au collège. Elle veut trouver du travail, quitte à travailler en usine, pour être libérée des parents. Elle donne de ses nouvelles régulièrement. Sa visite n'a rien d'exceptionnel, mais cette fois elle est accompagnée par un jeune homme. Elle me présente son fiancé. Il a un air intimidé, gauche. Je ne comprends pas pourquoi, nous avons quasiment le même âge !

« Voilà, me dit-il, je viens te demander de vivre avec ta sœur, Anne, car elle te considère comme sa mère et désire ton accord parental. »

Quel choc ! J'en reste gourde et sonnée pour un temps. Je me sens décalée, déplacée. Je ne crois pas mériter cette démarche ! Anne me marque sa reconnaissance pour sa vie de tous les jours que j'ai tenté d'adoucir. Je donne mon accord et leur souhaite le bonheur comme une brave mère de famille !

Ma petite sœur a énormément souffert dans sa vie. Elle aura trois enfants dans un foyer très uni. Elle ne reverra jamais ses parents. Je suis très touchée par le geste de ma sœur. C'est la seule à avoir vraiment compris mon investissement dans sa petite enfance. Mais il me rappelle aussi les agissements de mes parents. Je ne changerai jamais le monde…

Elisabeth

Ma mère a entrepris des recherches pour retrouver sa fille Elisabeth, ce qui n'a pas été trop difficile. Rechercher ses parents s'avère en revanche pour les enfants un parcours du combattant qui est souvent sans issue.

Je vais voir Elisabeth. Physiquement, elle ressemble beaucoup à ma mère. Elle s'est fait recueillir par les bonnes sœurs, petite. Elle a travaillé toute sa vie dans un couvent et n'a pas d'enfant. Elle garde de bons rapports avec les sœurs et la religion. Elle a beaucoup rêvé de sa mère et trouve la sienne bien. Elle ne lui reproche pas ses décisions. Elle ne reconnaît avoir manqué d'un peu d'amour que sous la torture de mes questions ! Elle aussi est un peu comme un canard, imperméable au chagrin. Une fois, elle m'a raconté la mort de son petit ami comme on raconte une anecdote sans importance. Peut-être a-t-elle une foi en Dieu qui l'aide à accepter les difficultés de la vie ?

Elle n'est pas méchante, mais sans sentiments profonds, et aussi égoïste que ma mère. Je m'en rends compte le jour où elle mange chez nous et ne laisse pas les enfants prendre leur part. Certes, c'est du boudin, ils n'adorent pas, mais tout de même…

Ma mère semble heureuse de ces retrouvailles tardives, elles s'entendent bien toutes les deux. Elisabeth n'émet aucune critique, elle trouve un peu juste la propreté de notre mère, mais ses reproches s'arrêtent là. Il est vrai qu'elle est allée à bonne école chez les sœurs, qui l'obligeaient à tenir impeccablement les vêtements et le linge.

Elisabeth a hérité du caractère de sa mère, tout en mollesse, et elle possède le même solide appétit. Ce n'est pas ma sœur préférée, mais elle est gentille et j'essaie de lui donner régulièrement de mes nouvelles.

La mort de mon père

Il faut aller à l'enterrement de mon père. Anne refuse de venir et me demande d'acheter des fleurs pour elle. Je ne veux pas et réponds qu'il existe des services pour ce genre de choses. J'ai maintenant largement entamé ma vie, et mes sœurs ne sont plus mes enfants. Elle comprend très bien ma réaction, comme moi la sienne.

Le jour de l'enterrement, je n'éprouve pas le besoin de revoir mon père une dernière fois. Ma mère insiste, je trouve cela un peu déplacé, mais chacun fait comme il le ressent.

Le fourgon funéraire tarde à venir, sûrement que le commissaire chargé de mettre les scellées est sur une enquête épineuse ! Il a deux heures de retard ! Enfin, tout est prêt. Le fourgon est là, mais il est comme perdu. Il roule sur un terre-plein fleuri. Il cahote, comme dans un film comique, à la de Funès. Les porteurs ne sont pas très en forme, le cercueil manque de tomber en passant la porte du funérarium. Allez, nous voici en route pour le cimetière. Il y a une sacrée circulation et le brouillard arrive doucement. Nous perdons le fourgon de vue. Nous devons faire demi-tour sur un boulevard encombré de camions. Nous frôlons le renversement d'un chargement de parpaings ! Nous voilà dans la bonne direction, mais plus de véhicules connus en vue. Un fou rire nous prend ! Nous sommes, Monique et moi, accompagnées de nos maris, dans la voiture.

« Tu vois, jusqu'au bout il fera le clown ! »

Maintenant, nous sommes au cimetière, mais où se trouve la tombe ? Il y a au moins trois arrêts de bus dans ce cimetière géant, et le gardien m'a l'air éméché. Nous arrivons enfin, pour voir la dernière pelletée de terre jetée. Voilà, c'est terminé. Tout de même, notre père a eu un enterrement un peu rocambolesque !

Je passe voir ma mère de temps à autre.

Je m'y attendais, elle vit comme une clocharde. Les odeurs chez elle sont de plus en plus insoutenables pour moi. Je me force. Elle veut refaire sa vie. Je lui conseille de faire des efforts d'hygiène si elle veut avoir une chance.

La mort de ma mère

Voilà. Ma mère est morte, trois ans environ après mon père. Ce n'est pas que j'étais pressée, mais je ne pensais pas qu'elle partirait si jeune, et sans histoires, ni dégradations physiques graves.

À l'hôpital, avant son décès, on me fait comprendre que je n'aurais pas dû la laisser vivre seule, dans son taudis. Je me vexe et réponds qu'il n'y a pas si longtemps, nous étions six enfants à vivre avec elle dans des conditions déplorables, et personne ne s'en est ému ! Et pourquoi toujours pousser à mettre les personnes âgées dans des institutions ? Ma mère en serait morte, je pense qu'elle n'aurait pas su s'adapter. Je n'avais aucune envie de lui faire cette vacherie.

Lorsque je vais la voir à l'hôpital, je ne la reconnais pas, elle ressemble à un vieux sage chinois avec ses cheveux jaunasses et sa barbe de la même couleur. Le personnel n'a pas osé la raser croyant à un rite religieux. Les poils sont en fait dus à un traitement hormonal. Ma mère a gardé toute sa tête, enfin ce qu'elle en avait, jusqu'à la fin de sa vie. Mais il aurait été préférable de la laisser tranquille au lieu d'essayer de la sauver en la faisant souffrir inutilement. Elle avait un problème au cœur. Pour une personne sans beaucoup de sentiments, c'est un comble ! À l'hôpital, elle attrape un virus dont elle ne se remet pas. Encore un comble, pour une fois qu'elle se retrouvait dans un endroit propre ! Il faut croire que les microbes sont plus féroces dans les hôpitaux que dans les gourbis !

Je vais la voir sur son lit de mort, mais ne l'embrasse pas. Sa petite fille a demandé qu'on la rase pour l'inhumation. Avec ma sœur, nous nous munissons d'un immense courage pour lui trouver une robe correcte. Nous devons braver la saleté repoussante qui règne dans son logement. Je trouve plus humain de lui donner une robe personnelle pour dernière toilette. Une robe neuve, elle n'aurait peut-être pas apprécié. Inutile de faire contre sa nature.

J'ouvre une porte de placard, elle est entièrement recouverte de cafards, incroyable. Ils sont agglutinés en grappes, en masse. Sitôt qu'on ouvre un tiroir, il y a un mouvement de panique chez les cafards, chez moi aussi, au secours ! J'ai l'impression qu'ils me grimpent dessus.

Quelle horreur ! Comment peut-on vivre ici ? Même sur les vêtements, il y a des insectes. Il nous faut des habits pour « la morte », un vrai problème à résoudre rapidement. Nous trouvons une robe, nous la déposons à la laverie du coin et retournons dans l'appartement.

J'essaye de mettre la main sur les papiers indispensables, je tremble, j'ai peur de ces insectes qui grouillent de partout. Nous avons de la chance pour le livret de famille. Nous sommes au bord de renoncer pour des photos et souvenirs éventuels. Les volets sont clos, cadenassés depuis des lustres. Il règne ici une odeur insoutenable de saleté, de cigarettes, c'est étouffant, écœurant. Vraiment il nous faut du courage pour continuer nos investigations. Nous prenons sur nous.

Nous tombons sur des photos de nous enfants et des parents quand ils étaient jeunes. Elles sont sales. Je parcours des carnets dans lesquels ma mère écrivait. Pêle-mêle sont inscrits des adresses, des numéros de téléphone accompagnés d'appréciations, de réflexions diverses. Sont aussi notés des faits et occupations du moment. Par exemple sa tension, ou le commentaire à la suite de la visite d'une de ses filles.

Je tombe sur une lettre triste où il est question de l'anniversaire de mon père ainsi que du sien, qu'elle prévoit de fêter seule sans ses enfants. Nous lui avons manqué tout de même un peu…

Nous retrouvons aussi ses cahiers dans lesquels sont recopiés nos livres d'écolières. Elle n'en comprenait pas toujours le sens. C'était son loisir. Son écriture n'était pas fine, elle attachait parfois des mots ensemble. Elle aura noirci des pages complètes de cahiers, dans tous les sens, même dans les marges.

J'ai des souvenirs qui ressurgissent, pas toujours mauvais. Il est vrai que ma mère non plus n'a pas eu une vie facile. Les amies à qui j'en parle lui trouvent beaucoup d'excuses. Il n'y aurait eu que moi, je serais peut-être plus indulgente, mais il y a aussi mes sœurs qui ont souffert de ses attitudes, de son indifférence. Nous avons trop subi la saleté, la faim, l'insécurité et surtout il nous a manqué l'amour de notre mère, et cela, on ne peut pas l'oublier.

Je mentirais si je parlais de chagrin à la mort de mes parents. J'aimerais éprouver une peine immense, avoir le sentiment d'une perte irremplaçable. Ce n'est pas le cas. Je ressens plutôt une délivrance. Mon enfance est désormais loin, et c'est mieux ainsi.

Je suis étonnée que la mort de ma mère soit arrivée si vite après celle de mon père. Elle avait vingt ans de moins que lui. Au moins, je n'aurai pas à connaître les batailles juridiques contre des décisions d'aide aux parents. Je n'aurais pas trouvé juste d'être dans l'obligation de priver mes enfants pour ma mère. J'ai assuré l'enterrement de mes parents par devoir envers mes sœurs. En ce qui me concerne, la fosse commune ne m'aurait pas dérangée. Mais je ne veux pas d'histoires sordides avec mes sœurs, j'ai mon compte. Le jour du renouvellement pour la place au cimetière, toutefois, je refuse de participer aux frais, pas pour l'argent que cela représente, mais pour dire que maintenant, c'est vraiment terminé.

Le chagrin de ma sœur, Elisabeth, fait peine à voir vu la vie qu'elle a dû subir. J'ai du mal à comprendre ses réactions. Elle ne montre pas un soupçon de ressentiment. Cela étant, je lui suis reconnaissante de ne pas alourdir notre fardeau par le poids de sa haine.

Maintenant, le côté pratique... Quoi faire de ce capharnaüm et des cafards ?
Lumière ! J'ai la solution : je contacte les Emmaüs.
Une fois de plus, je vais avoir honte... L'appartement est dans un tel état que le personnel refuse tout en bloc. Je me mets à leur place. Je m'étais dit pendant l'enterrement que j'avais été sévère avec ma mère. Que tout n'est pas aussi sale que je le dis et le vois. Eh bien si, hélas ! Le refus d'Emmaüs me tombe dessus brutalement et me remet face à la réalité. J'ai tous les cafards sur le dos, la saleté, les odeurs et aussi les parents inertes. Quelle horreur, quel cauchemar !
Cette mère n'était pas bonne, et sa maison ne l'est pas non plus. Personne ne veut de son fourbi. Il faudrait qu'un incendie brûle cet appartement.
Je donne le bébé à mes sœurs, moi c'est au-dessus de mes forces. De toute façon, je refuse l'héritage. Moralement et

entièrement, je refuse tout, je ne veux plus avoir à faire face à ce pan de ma vie.

Je ne crois pas être envieuse, pourtant lorsqu'une personne autour de moi touche un héritage, je repense au mien, et à ce que mes enfants recevront de leurs grands-parents maternels : pas un centime, rien. À Noël, à moi de faire plus pour compenser ce manque… J'ai envie d'offrir des surprises agréables. J'aimerais gâter les miens, ne pas leur radoter mes histoires. Je me passerai d'héritage en tous les cas. Heureusement que cela n'est pas indispensable dans une vie.

Jeannine

Un soir, le téléphone sonne assez tard. Je décroche, et de suite, je vous assure que cela est vrai, je reconnais ma sœur, sans lui avoir jamais parlé ! Elle a une voix timide et hésitante. Immédiatement je la nomme et la tutoie. Elle n'en a pas l'habitude. Elle ne comprend pas, et s'étonne que je l'aie reconnue avant qu'elle ne se présente. Je ne sais pas l'expliquer, je l'attendais en somme. Nous nous présentons dans les grandes lignes. Je désire la rencontrer au plus vite, et nous fixons une date. Pour mémoriser toutes ses sœurs, elle a besoin de prendre des notes. Jusqu'à présent elle n'avait pas de famille, quel choc pour elle !

Le jour de notre rencontre arrive. Je trouve qu'elle ressemble à Monique. Elle me pose des questions sur notre mère. Je la mets en garde :

« Tu veux la vérité ou un conte de fées ? »

Elle a des questions précises mais difficiles à formuler.

Depuis toujours, elle a une cicatrice sur une cuisse. Elle me demande si Maman aurait pu en être à l'origine, je dis que c'est bien possible car personne n'était là pour surveiller ses faits et gestes. Ses rêves en prennent un coup.

Elle veut aussi savoir pourquoi elle n'a pas été recherchée par sa mère. Elle n'a pu connaître nos identités qu'avec des soutiens, et au décès de notre mère. Elle compare aussi son acte de naissance avec celui d'Elisabeth. Sur le sien il est écrit « enfant abandonnée », c'est un coup pour elle. Nous parlons toute une nuit de nos enfances séparées. Elle veut se laver les dents avec ma brosse. J'ai un peu de mal, mais cela lui fait tellement plaisir.

Dans sa vie, elle a traversé des périodes de crise, un divorce difficile notamment. Elle me raconte que son mari est revenu plusieurs fois pour la convaincre de reprendre la vie en commun, avec leurs deux enfants. La dernière tentative de son mari s'est mal terminée. Il a tenté de la violer pour la énième fois. Elle s'est défendue en lui mordant la langue. Un morceau lui est resté dans la bouche, qu'elle a recraché. Je me souviens vaguement d'un fait divers de ce genre, drôle de penser qu'il s'agissait de ma sœur. Je ne porte pas de jugement sur sa vie, je ne connais pas son ancien mari. C'est une affaire personnelle.

Nos deux demi-sœurs sont très heureuses de nous avoir enfin toutes connues. Cela les change de leur vie d'orpheline !

Quelques pensées en guise de bilan...

Je suis assez étonnée de constater qu'avec ce que nous avons vécu avec mes sœurs, nous soyons restées plutôt bien éduquées. Nous ne sommes pas devenues des voyous. Je n'ai jamais fait aux autres, enfant, ce que je ne voulais pas qu'ils me fassent. J'ai toujours dit bonjour aux adultes dans la rue, même si je ne les connaissais pas. Je ne jetais jamais de papier par terre. Les gros mots, je les gardais pour les copines. Je respectais les autres. Si je pouvais aider une vieille dame, je n'hésitais pas. Les dames âgées avaient le droit de prendre ma place assise dans le bus ou le métro, naturellement. Bien entendu, à l'école nous avions des cours de morale, mais au-delà de cela, et malgré tout ce qu'il nous a fait endurer, je pense que mon père nous a bien éduquées. Pour mes écarts, les petits vols, déjà petite, je me trouvais des excuses...

Je regrette beaucoup de ne pas avoir pu apprendre de mon père, les langues et bien d'autres choses encore. Il a été incapable de nous transmettre son savoir. Dès qu'il essayait, Madame la Colère surgissait pour nous faire peur.

Je n'ai pas écrit ce livre pour me plaindre ou bien pour régler des comptes, non. Mon enfance aura eu le mérite de me forger un caractère et un moral d'acier. Les conséquences ne sont pas toutes négatives. J'ai acquis de la personnalité, je me trouve résistante. Jamais je ne me sentirais comme une princesse qui aurait mal à cause d'un ongle cassé. Je suis contente d'un rien – pas toujours ! Je ne me laisse pas miner par mon passé. L'humour, à en croire les spécialistes, serait une façon de se cacher. Il m'a permis de m'affirmer de façon positive, j'ai vu là le moyen de me faire accepter par les autres.

Peut-être serais-je devenue autre avec une enfance moins tourmentée ? Les souvenirs seraient bien sûr plus agréables, plus doux.

Je suis une éternelle rêveuse. Peut-être que grâce à ce livre, une gentille maman va enfin vouloir m'adopter et me gâter. Il n'est jamais trop tard ! Voici mon annonce :

« Cherche une maman qui sente bon, assez coquette, mais

pas vulgaire, avec qui je pourrais faire des sorties agréables et qui sera aussi très gentille avec mes enfants ! »

Il faut bien un peu de rêve sinon que serait la vie ? Longtemps avec mes sœurs nous avons rêvé d'un riche parent hongrois qui nous sauverait toutes les six. Il n'est pas venu au rendez-vous, mais cette pensée m'a empêchée de devenir folle.

Alors que je termine mon récit, nous sommes en pleine crise sanitaire. Avec le coronavirus est venu le confinement, avec le confinement, j'apprends que les violences intrafamiliales ont explosé. Régulièrement, on entend aussi parler d'histoires dramatiques, avec des issues fatales pour les enfants, et de longues années de prison pour leurs bourreaux, parfois la perpétuité. Il y a les enfants battus, les enfants insultés, les enfants négligés pour ne pas dire abandonnés, les victimes d'inceste… La liste est longue des sévices qu'un parent peut faire subir à un petit être innocent. Certains comme moi s'en sortent, d'autres jamais, certains même reproduisent ce qu'ils ont vécu. D'après l'association l'Enfant bleu, deux enfants meurent chaque jour de maltraitance en France. On parle désormais des femmes battues, mais les enfants, non, on ignore encore trop la réalité des faits. Ou on feint de l'ignorer…

VI

Hendaye, bien des années après

L'été 1997, nous sommes partis en vacances en caravane en Vendée. La pluie ne nous a pas quittés ! Elle m'a permis de faire un autre projet – un mal pour un bien.

J'ai demandé à toute la famille si elle était d'accord pour aller voir à Hendaye le lieu de mon placement par la D.A.S.S. J'avais envie d'approfondir le récit de mon enfance, et de pouvoir leur donner des détails concrets de cet endroit. Ma crédibilité en serait, me semblait-il, renforcée, et les enfants pourraient avoir une image plus précise de cette période de ma vie. Lorsque je raconte mon histoire, je livre les faits, j'expose mes idées, je reste un peu abstraite. En emmenant mes enfants à Hendaye, ils comprendraient mieux combien notre situation était grave, j'ai été éloignée de mes parents si longtemps !

Nous voici donc tous à Hendaye. Eh bien, l'institut où nous avons séjourné, je le reconnais.

Nous allons le visiter.

Je confonds le jardin avec la petite plaine, moi qui n'ai pas le sens de l'orientation, je sens que la visite va être difficile. Je pense que de ce côté-ci, on voit la mer. En effet, c'est le cas. J'en tremble. Les enfants sont très intéressés et attentifs à mes explications. Qu'allons-nous découvrir ?

Il y a de magnifiques hortensias, qui ornent l'entrée principale. De l'extérieur, la bâtisse a toujours très fière allure.

J'ai une énorme frousse, comme si les moniteurs allaient me tomber dessus subitement. Heureusement, je ne suis pas seule, sinon je n'oserais pas pénétrer dans mon passé. Brave, sans plus.

À l'intérieur, il y a des traces de squat. Tout est à l'abandon mais tout est encore en place. L'institut est comme suspendu dans le temps. Dans cette partie du bâtiment, rien ne me dit, il s'agissait sans doute des logements privés de la direction. Il ne manque que les draps sur les lits et la vaisselle sur les tables. L'impression est bizarre. On croirait que les occupants se sont absentés pour un petit moment, qu'ils vont revenir. Peut-être sont-ils partis en vacances ?

Les dossiers des pensionnaires sont dans des armoires en fer. Aucune n'est fermée à clef ! Tout est à portée de main, à la vue du moindre visiteur ! Nous fouillons pour trouver le mien et ceux de mes sœurs. Dans mon trouble, je me trompe dans les dates de mon placement.

Il y a de nombreuses bâtisses attenantes. Les enfants ouvrent la porte d'un garage. Il y a une voiture dedans, et beaucoup de paille ! Cela me rappelle le cheval que j'ai vu pendant ma jaunisse, lorsque j'étais à l'infirmerie. J'aperçois un escalier, peut-être mène-t-il à l'infirmerie, justement ? Oui, j'ai raison, nous sommes bien à l'infirmerie, il y a aussi le cabinet dentaire. Il y a les lits avec des plaques de fer fixées aux pieds pour poser les feuilles de température des malades.

La glace opaque qui sépare les lits avec de petits murets ne m'est pas inconnue. Même la table de nuit sur laquelle était posé mon jus de citron est encore là.

J'ai l'impression d'être la Belle au bois dormant, de me réveiller petite fille après un long songe. C'est une drôle de sensation, mes souvenirs des lieux sont très précis, je reconnais chaque endroit. Il y a même la salle de radiologie, on dirait un mini hôpital. Nous découvrons ensuite une modeste église. Je me la rappelle, mais n'ai pas souvenir d'être entrée à l'intérieur... Je reconnais aussi les dortoirs des filles, je ne situe pas ma place, mais revois les siestes obligatoires, avec mes incessantes envies de faire pipi. Voilà le réfectoire, j'ai presqu'un haut-le-cœur en repensant à une fameuse semoule. Des annexes où je n'ai pas de souvenirs.

J'entends soudain du bruit. Il y aurait d'autres intrus ? J'ai très peur. Mon imagination m'a joué un tour, nous sommes seuls. Que de frayeurs !

La lingerie est visitée à son tour, il reste ici des uniformes, des maillots rouges avec de petits shorts gris. Ai-je porté ces vêtements ?

J'évoque une carte de géographie au sol, dessinée sur le carrelage. L'instant d'après je marche dessus !

Je me trouve dans une classe, dans la partie école. En avançant vers une vaste salle, j'aperçois dehors un petit jardin exotique, je m'en souviens et en même temps le redécouvre. Il reste de grandes plantes grasses, une volière et la véranda longeant un bâtiment en L.

Dans le jardin, je revois le préau ouvert à tous les vents et aux tempêtes. Il est envahi par les mauvaises herbes, qui poussent entre les plaques de ciment. Un grand mur clôture un terrain de pelote basque – je ne le vois pas dans mes souvenirs. Il y a les douches.

Je retrouve mes impressions d'enfant, cet enchantement devant la beauté des bâtiments, du jardin, de la vue imprenable. Ce lieu m'a tant marquée. Pensez ! Quelle différence avec la mansarde à Paris ! Le temps aussi était magnifique dans mon souvenir. Certes, aujourd'hui il n'y a que de la pluie, mais c'est certainement exceptionnel. Reste dans ton imaginaire... Cela préserve les rêves !

Les enfants sont très contents de leur journée, et d'avoir fait, avec leur maman, un bout de chemin dans son passé...

VII

Épilogue et témoignages, par les enfants de Marie

Sarah, née en 1979, fille unique de Marie

Que sont-elles toutes devenues, ma mère Marie et ses frangines ? Commençons par mes tantes, pour finir par la plus belle, la plus parfaite des mamans du monde, la mienne ! C'est un combat entre mes fils et moi pour savoir qui a la mère la plus super !

Notre portrait de famille est un peu spécial puisqu'avec les enfants de Monique et de Madeleine nous sommes cousins et cousines du côté maternel et paternel. Ma mère Marie a en effet épousé Marc, mon père, ma tante Monique a épousé Daniel, un frère de mon père, et ma tante Madeleine s'est mariée avec Jean-Paul, un autre frère de mon père…

Les enfants de Monique et de Madeleine sont donc deux fois mes cousins et nous avons quatre grands-parents communs ! Nous

nous ressemblons évidemment comme deux gouttes d'eau !

Ma tante Monique : Pendant trente ans, elle a été « petite main » de la maison de haute couture Chloé. Elle est à la retraite depuis le début de l'épidémie de coronavirus, en 2020, mais elle continue à faire quelques missions. Elle vient d'ailleurs d'en terminer une chez Chanel, son rêve ! Monique a eu trois enfants de son époux. Après le décès de Daniel, elle a vécu de longues années avec Patrick. Elle a presque toujours habité l'Ile-de-France. Depuis qu'elle est installée à Saint-Lubin, en Eure-et-Loir, elle est bien plus proche de ma mère. Elles se voient très régulièrement toutes les deux. Ma mère m'a fait rire : elle m'a dit que sa sœur l'avait emmenée à Dreux, et qu'elle a eu vachement peur en voiture ! Je lui ai répondu qu'au moins maintenant elle comprend ce qu'on ressent quand elle nous conduit ! D'ailleurs on ne la laisse jamais conduire !

Ma Tante Madeleine : Un sacré numéro la Tante Mado, et quelle allure ! Elle a toujours été gentille et on adorait aller faire les « andouilles » chez elle avec les cousins ! Elle aussi a eu des problèmes de conduite… Elle a d'ailleurs dû renoncer à prendre le volant, les voitures ayant vu les murs trop souvent ! Mado n'a jamais travaillé. Elle était mère au foyer, et son foyer était très spécial… indescriptible ! Madeleine était une fille mère, elle a eu son premier fils avec un mec, on n'en sait pas plus. Quand elle a rencontré Jean-Paul, il avait un fils déjà. Ma tante a martyrisé toute sa vie cet enfant. Il était le Cendrillon au masculin des temps modernes… Puis elle a eu quatre garçons de Jean-Paul. J'ai toujours connu ma tante alcoolique et fumant comme un pompier ! Rentrer dans leur salon, c'était quelque chose ! Entre la fumée partout dans la pièce, du plafond à hauteur de tête assis, et les tue-mouches en scotch marron qui pendaient partout… Il ne fallait pas être chochotte pour boire un verre dans ce décor ! C'était surtout dur pour ma mère maniaque de la propreté, mais ça c'est une autre histoire... Mado aura agréablement fait partie de nos vies, disons qu'elle nous aura surtout bien fait marrer ! Que d'anecdotes ! On se les raconte encore, toujours les mêmes histoires ! Mado est morte il y a deux ans, peu avant son mari. Ma mère n'a jamais rien dit à son sujet, elle nous a seulement raconté son propre vécu avec elle. Comme pour ses parents, elle ne nous a pas interdit de la voir et nous a toujours dit de juger par nous-mêmes.

Ma tante Hortense a eu deux garçons. Mon oncle Alain est le cousin de mon père, ils ont fait les quatre cents coups ensemble ! Je crois que ma tante et Alain travaillaient à l'usine. Ils sont en région parisienne depuis toujours. Je ne les ai pas vus depuis des lustres. Dans mon souvenir, Hortense riait beaucoup et c'était très communicatif. Je la trouvais simple et bonne vivante. C'est la sœur qui ressemble le plus à ma mère, qui déteste ça !

Dans un registre plus gai, ma tante Anne ! J'ai adoré aller les voir dans mon enfance, elle et son mari Marcel qui est bien plus grand que sa femme en hauteur mais pas en largeur. Elle est tout simplement adorable et accueillante. Ils ont trois enfants, mais j'avoue avoir peu de souvenirs de ces cousins. À part Franck peut-être, qui me fait étrangement penser au Franck de ma tante Monique... Décidément, quelle drôle de famille, donner le même prénom à ses enfants entre sœurs...

Ma tante Rosalie... Je crois l'avoir vue deux fois, petite, puis à son enterrement, en 1989. C'est assez flou. Ma mère aimait beaucoup sa petite sœur, elle a toujours eu beaucoup d'estime pour elle. Peut-être que sa carrière professionnelle d'assistante médico-psychologique s'explique ici ?

Ma tante Elisabeth, nous l'avons « retrouvée » alors que ma grand-mère était encore en vie. Dans mes souvenirs, c'est parce *que cette dernière a accepté d'être retrouvée. Nous sommes allés l'attendre à la gare de Dreux en famille. On l'a tout de suite reconnue, c'était ma grand-mère en plus jeune ! Malgré sa laideur, surtout les lunettes cul de bouteille et le style vestimentaire, elle a réussi à se faire porter sa valise par un gars ! On a bien rigolé avec ma mère ! Elle est restée quinze jours avec nous. Elle avait posé une église pliante comme les cartes d'anniversaire de grande taille. Et chaque jour elle mangeait un Nussini (une barre chocolatée). Elle mangeait beaucoup, riait beaucoup, mais elle était très monocorde ! Tout ce qu'elle racontait, elle le racontait sur le même ton. Une histoire de son enfance avec les bonnes sœurs, le décès de quelqu'un, ses activités de loisirs, tout ! Elle était très gentille. Comme toutes les tantes finalement, avec leurs neveux et nièces en tout cas.*

Ma tante Jeannine : Elle a retrouvé ma mère après le décès de ma grand-mère. Elles se revoient toutes les deux de temps à autres et s'appellent régulièrement. Il me semble qu'elle a un appartement avec vue sur le vignoble en région lyonnaise, et un copain pas loin ! Jeannine est tout le contraire de ma mère, qui est speed et déjantée !

Enfin, ma mère !
Quel bout de femme ! Une vraie pile électrique, Duracell fait pâle figure à côté ! Même en buvant son thé, elle va briquer la cuisine. C'est une mère incroyable, parfaite je dirais. Vraiment ! On ne peut rien lui reprocher. Elle fait tout pour le bien-être ou la défense de ses enfants, même s'ils ont tort. On dit d'elle qu'elle est une vraie « mère juive », au sens surprotecteur, j'adore ! Avec mes deux grands-frères, nous l'appelons « la Mère » ! C'est une lionne pour sa famille. Peu importe la voie que l'on choisit, elle nous suit et nous soutient sans jamais nous juger. Elle nous a conseillés mais ne nous a jamais obligés à faire ce que l'on ne voulait pas. Elle est joyeuse, très drôle, toujours d'humeur égale, toute l'année. Elle n'est tellement pas frileuse que ça a toujours été la guerre à la

maison avec le chauffage !

Nos parents nous ont inculqué la priorité de la fratrie. Nous ne nous cachons rien, nous nous faisons confiance les yeux fermés et ferions tout les uns pour les autres. Malgré sa vie, ma mère avait une famille unie et elle était le ciment de ses sœurs. Entre mes parents, ça n'a pas marché, c'est bien dommage. Mon père a fini par partir. Ils sont aujourd'hui plus heureux que jamais et nous avons gagné deux supers grands-parents. Le compagnon de ma mère est un vrai grand-père, nous l'aimons comme tel.

Mes parents nous ont offert une enfance presque parfaite et je ne les remercierai jamais assez. Nous sommes fréquemment partis pour les vacances et avons fait plein de sorties. Nous avons toujours des Noël fabuleux avec plein d'attentions et de cadeaux. La maison de ma mère reste encore aujourd'hui la maison familiale. C'est notre refuge, notre cocon, même pour mes enfants. Ils sont partants pour vivre chez Mamie Marie ! On aime tout chez elle.

Côté professionnel, elle s'est adaptée. La couture à Paris, et elle n'a jamais aimé ça, la compta et autres missions administratives pour mon père artisan, tout en gardant des enfants. Puis elle a commencé des ménages dans une maison pour personnes handicapées mentales. Elle a tellement aimé le contact avec les résidents qu'elle a décidé à plus de quarante ans de faire une formation d'aide médico-psychologique (AMP). Elle a obtenu son diplôme brillamment au bout des deux années réglementaires. Elle a eu du mal à prendre sa retraite et a continué le bénévolat quelques années. Elle s'est aussi impliquée dans la vie locale, avec la mairie !

Ma mère est une personne joyeuse et positive. Elle est née ainsi ! Elle est généreuse et aidera toujours son prochain.

Elle nage presque chaque jour, fait du sport avec les copines, aide à la bibliothèque municipale, tricote parfois, cuisine, adoooore jardiner, fait le ménage. Elle fait absolument tout ! Rien ne l'arrête, et elle n'a aucune patience. Il faut faire bien, vite et surtout, tout de suite.

Nous avons toujours eu des animaux : chiens, chats, poule, coq, hamster, des hérissons, des oiseaux… Maman avait aussi bon cœur pour les animaux et les sauvaient quand elle pouvait.

J'ai tellement de bons souvenirs et d'anecdotes que c'est dur de résumer !

Ma mère nous aura offert l'exact contraire de son enfance : l'amour sans limite, la nourriture en abondance, une tolérance et une confiance totales, une énergie sans limite, une joie de vivre sans fin, un optimisme à toute épreuve, une fougue de vivre incroyable ! Eh oui, c'est tout ça, ma mère ! Difficile de faire mieux, n'est-ce-pas ? Croyez-moi, nous n'essayons pas de rivaliser ! Mais elle a aussi ses côtés pénibles ! Elle râle, elle est impatiente, elle était (on change en vieillissant !) trop maniaque, elle est sur notre dos, elle insiste, elle fait très peur au volant ! Bref, elle est humaine ! Sincèrement, je souhaite à tout le monde d'avoir une mère comme la mienne. Elle est un rayon de soleil dans nos vies à tous. Nous l'aimons à l'infini et au-delà !

Ma mère est une vraie amie, à 100 %. Elle ne fait pas de faux semblants et les gens savent à quoi s'attendre. Elle dit ce qu'elle a à dire. Elle adore rire avec ses amies, et l'on ne s'ennuie jamais avec elle ! « Ah ! Qu'est-ce qu'on s'est marré ! » dit-elle souvent. Elle aime inviter ses copains et copines à la maison pour des apéros ou des « gueuletons », du « sur le pouce » soi-disant alors qu'avec cinq ou six convives de plus on mangerait encore à l'aise ! Il me semble que les gens l'apprécient et la trouvent drôle.

Je crois que ma mère n'a jamais rien su nous refuser ! Je dirais que nous avons été gâtés au-delà du raisonnable. Nous n'avons manqué de rien, nous avons toujours été à la dernière mode, avec les derniers jouets et jeux. Elle gère son porte-monnaie d'une main de maître. Comme une revanche sur sa propre enfance, elle a voulu nous offrir l'enfance la plus douce possible et avoir une vie remplie. Elle adore les vêtements, les chaussures, les accessoires, le parfum et les bijoux surtout ! Une vraie coquette, toujours apprêtée. À soixante-dix ans, ma mère est toujours une très belle femme.

Elle nous a emmenés voir ses parents pour que nous nous fassions notre propre opinion. J'ai vu mon grand-père une fois : maigre, vieux, parlant avec de drôles de sons, souriant. Ma grand-mère, je l'ai vue cinq fois. La première fois chez elle, je m'en souviens. La porte d'entrée ne s'ouvre pas complètement – comment ma grosse grand-mère sort-elle donc de là ? Ah, elle ne sort pas ? Je comprends alors ! Elle a empilé vieux tapis et moquettes et je n'ai jamais vu autant de cafards de ma vie. Une grand-mère surréaliste ! Elle riait très fort et avait une moustache tel un sage chinois ! Vraiment, quelle famille !

Enfin… Elle a réussi sa vie, Mimi, elle a eu ce qu'elle souhaitait : une belle famille unie et heureuse. Mission accomplie ! Clin d'œil : You're the best ! Elle s'est mise à l'anglais car mes enfants sont bilingues, et au cas où ils oublieraient le français… !

Ma mère, cette super héroïne :)

Sylvain, né en 1973, fils aîné de Marie

Maman,
Quel aboutissement ce livre, le processus fut long : l'idée a, je le sais, longtemps trotté dans ta tête. Tes discussions avec ton amie Christine ont sans doute joué dans le processus.

Puis tu as commencé à poser sur papier tes idées…. Avec l'ordre et l'écriture qui te caractérisent… Enfin, nous avons à deux commencé à ordonner un peu ta pensée et poser sur ordinateur ta jeunesse et ce ne fut pas forcément simple pour toi : je tiens ma patience de mes deux parents ! On avait seulement dégrossi, il restait du travail. Ce livre en est l'aboutissement et c'est un bel ouvrage.

Je dois dire qu'à la relecture de ton histoire je me rends compte que j'avais oublié les moments les plus difficiles de ton enfance.

Cela a forgé ton caractère et l'idée que tu te faisais d'une famille. Ce que tu n'as malheureusement pas eu dans ton enfance, tu as su le créer avec tes enfants et aussi avec tes petits enfants. Nous, tes enfants, tentons également de perpétrer cette belle tradition d'unité familiale, d'amour, de soutien mutuel.

Finalement cette histoire à sans aucun doute mal commencé ; elle s'écrit de nos jours d'une bien plus jolie manière et ce qui est certain c'est qu'en toutes circonstances nous savons pouvoir compter sur toi dans les moments plus difficiles qui surgissent parfois dans nos vies, celles de nos enfants et de nos conjoints.

Tu es le ciment de notre famille (je devrais peut-être dire la louve de la meute) et ta maison le point de rassemblement, de chute pour nous tous. Et c'est comme ça qu'on t aime.

Titi.

Stéphane, né en 1978, fils cadet de Marie

Ma mère nous a parfois raconté les histoires de son enfance. C'était par morceau sans vraiment d'ordre, ou lorsqu'on lui posait des questions. Elle a manqué de tout, elle rêvait d'autres parents.

Ma mère ne le sait pas, mais pour rien au monde je n'aurais voulu d'autres parents. Nous n'étions pas pauvres, ni riches mais nous n'avons manqué de rien.

Mes parents ont leurs défauts comme tout le monde, plus ou moins appuyés.

Petit, j'enviais mes copains d'école qui avaient des cadeaux et de l'argent à leurs anniversaires ou autre fêtes de la part de leurs grands-parents. Nous n'avions que de nos parents et cousins proches. Pourtant à part ça, et encore, rien n'a jamais manqué. Jamais un anniversaire ou un Noël sans être gâtés. Nous avons eu de très belles vacances, en tente, en caravane et en location. Même au ski. Que demander de plus ?

Quand nous mangions, parfois nous surprenions notre mère à se priver pour qu'on en ait assez, ou plutôt plus. Elle le fait encore aujourd'hui.

Elle est aimante et inquiète pour ses enfants et ses petits-enfants.

Un jour, je lui ai dédié une chanson. Je lui ai dit écoute les paroles, elles sont pour toi, elles parlent presque de toi. C'est Les mères juives de Georges Moustaki. Culturellement, ma mère n'est pas juive. Je pense que toutes les mères aimantes sont ainsi. Mes parents ont parfois tendu la main à un neveu. Ils l'ont fait sans rien en attendre. Effectivement, c'est bien tout l'inverse de ce qu'a vécu ma mère avec ses parents.

Elle va bientôt avoir 70 ans et je lis son livre (remanié) pour la première fois en entier. Quelle tristesse et quel espoir !

Je n'ai pas connu mes grands-parents plus que ça. J'ai le souvenir d'un vieux allongé sur son lit chantant dans une langue étrange, dans un petit appartement sombre et sale. Ma grand-mère, je la revois un soir chez ma tante Madeleine. On l'entendait rire à travers champs.

Assez tôt, nous connaissions les histoires d'enfance de ma mère. C'est peut-être pour ça que je n'ai pas de sentiment pour mes grands-parents. J'ai vu mon père pleurer un midi pour la mort de son père qu'il ne voyait que très peu. Et j'ai pleuré aux funérailles de ma grand-mère paternelle. Mais rien pour mes grands-parents maternels. Ma mère non plus. Elle voulait qu'on les enterre au plus vite, à la fosse commune si besoin. C'est dire les sentiments même au dernier moment. Pourtant, je reste attaché aux racines de mon grand-père. Juif hongrois, survivant de camp allemand. En grandissant, difficile de faire obstruction de cette part de l'histoire familiale. Tu ne reviens certainement pas complètement intact après avoir vécu ça. Un jour, il faudrait s'y rendre, ça ferait un nouveau chapitre à écrire.

Sommaire

I. Paris. Mes débuts dans la vie — 9

II. Mes parents. Retour sur le mariage du siècle — 23

III. La parenthèse Hendaye — 33

IV. Cité Danton — 41

V. La vie, enfin — 129

VI. Hendaye, bien des années après — 145

VII. Épilogue et témoignages,
    par les enfants de Marie — 149